［四訂版］
簿記の基礎問題集

村田直樹　編著

創成社

―――― 執筆者一覧 ――――

村田直樹 ………第1章，第14～16章

工藤久嗣 ………第10章，第11章

竹田範義 ………第8章，第13章

春日部光紀 ………第2章，第7章

浦田隆広 ………第4章，第9章

澤登千恵 ………第3章，第6章

相川奈美 ………第5章，第12章，第17～19章

沼　惠一 ………第20章，第21章

はしがき

　複式簿記の学習は，解説書を読んで，そのシステムを理解するだけでは不十分で，具体的な問題を繰り返し解く作業が必要である。本書は複式簿記における基本的な問題を網羅して，複式簿記の基本的な技法が習得できるよう構成されている。

　本書の執筆にあたっては，執筆を担当する先生方が，何度も問題の内容と解答方法の検討を行っている。また，基本的なコンセプトを確認し，分担章およびその内容を検討して，各章にポイント整理事項を設け，それに基づいた問題を出題している。さらに，問題と解答欄を見開きの左右のページに配置して，学習がスムーズに進行するよう配慮している。解答編には詳しい解説を付記して理解の助けとなるよう構成している。

　また，本書は，日本商工会議所簿記検定3級の範囲をすべて網羅するよう配慮している。

　最後に，格別のご配慮をいただいた株式会社創成社社長塚田慶次氏および出版部課長塚田尚寛氏，出版部西田徹氏に心から感謝申し上げる次第である。

2004年3月28日

編著者

四訂版発行にあたって

　本書は，2004年4月15日に初版を発行してから9年が経過しようとしている。この間，幾度かの改訂が行われた。2005年の改訂では，問題文の表現や解答の正確性を中心としてのものであった。2006年の三訂版は，会社法の改正や日商簿記検定の出題範囲や用語の改正に準拠すべく各章の内容を著者全員で再検討し，改訂を行った。さらに，今回の改訂では，読者からの強い要望もあり，より進んだ簿記の学習に配慮するため，各章の再検討を踏まえた上で，新たな範囲を加筆し，四訂版を発行するものである。なお，総合問題①までが，日商簿記3級までの出題範囲に準拠しており，それ以降は，日商簿記2級の出題範囲である。

　四訂版においても，複式簿記の基本的な問題を網羅して，複式簿記の基本的な技法を習得するという本書の基本的なコンセプトは維持されている。さらに，各章におけるポイント整理や解答編における詳しい解説など，簿記のスムーズな学習を配慮した構成も維持されている。

　今回の改訂にあたり，問題作成の補助および解答の検証補助について日本大学大学院の麻場勇佑，中川仁美，野口翔平の3氏の協力を受けている。

　また，四訂版発行にあたっては，株式会社創成社塚田尚寛氏，ならびに，同社出版部西田徹氏には，格別のご配慮を頂いた。深甚の謝意を表する次第である。

2013年3月24日

編著者

目　次

はしがき

四訂版発行にあたって

問題編

第1章　複式簿記の基礎 …………………………………………………………… 2

第2章　簿記一巡の手続 …………………………………………………………… 8

第3章　現金預金 …………………………………………………………………… 16

第4章　商品売買 …………………………………………………………………… 24

第5章　債権債務 …………………………………………………………………… 32

第6章　有価証券 …………………………………………………………………… 40

第7章　手　形 ……………………………………………………………………… 44

第8章　固定資産 …………………………………………………………………… 50

第9章　資本金 ……………………………………………………………………… 54

第10章　経過勘定 …………………………………………………………………… 58

第11章　税　金 ……………………………………………………………………… 66

第12章　伝票会計 …………………………………………………………………… 70

第13章　決　算 ……………………………………………………………………… 74

総合問題① …………………………………………………………………………… 84

第14章　株式会社の会計(1)　設立・増資・創立費・開業費・株式交付費 … 88

第15章　株式会社の会計(2)　剰余金・繰越利益剰余金・会社の合併 …… 92

第16章　株式会社の会計(3)　社債 ……………………………………………… 98

第17章　未着品取引・荷為替 ……………………………………………………… 102

— v —

第18章　委託販売……………………………………………………108

第19章　割賦販売・試用販売・予約販売………………………………116

第20章　本支店会計（1）……………………………………………126

第21章　本支店会計（2）……………………………………………134

総合問題②……………………………………………………………140

巻末解答編（取りはずし式）

問題編

第1章 複式簿記の基礎

―《ポイント整理》――――――――――――――――――――――――――――――

1．簿記の目的
　　①備忘録および経営の基礎資料としての経済行為の歴史的記録
　　②一定時点の財政状態の把握
　　③一定期間の経営成績の把握

2．複式簿記の要素
　複式簿記では，企業活動の継続的な記録を行うにあたって，金額に換算し記録，計算，整理を行う。そのため，企業活動を次の5つの要素に分類する。
　　①**資産**（現金，当座預金，売掛金，貸付金，備品など）
　　②**負債**（買掛金，借入金，社債など）
　　③**資本**（資本金，引出金など）
　　④**収益**（売上，受取利息，受取地代など）
　　⑤**費用**（仕入，支払保険料，給料など）
　一定時点（期末）の資産，負債，資本の金額を一覧にして財政状態を示した表を**貸借対照表**という。また，一定期間の収益，費用を比較計算し，整理した計算書を**損益計算書**という。

3．簿記上の取引
　複式簿記では，企業の資産，負債，資本，収益，費用の各要素に増減変化をもたらす事柄を取引という。したがって，企業の資産，負債，資本，収益，費用に金額的な増減をもたらさないものは，**簿記上の取引**ではない。

4．勘定記入
　勘定とは，簿記で記録・計算を行うための固有の単位で，通常，勘定科目を明記し，以下のようなT字型の口座を設け，記録する。

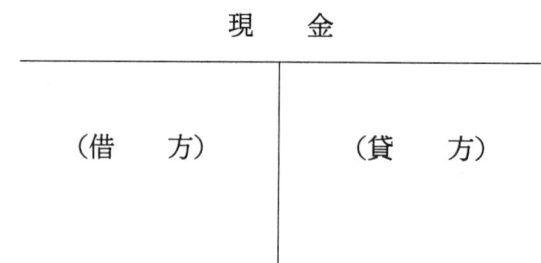

　勘定は向かって左側を**借方**，右側を**貸方**と呼び，一定のルールにしたがって記録する。

勘定記入のルール

資産の勘定	増加を借方に，減少を貸方に記録する。
負債の勘定	増加を貸方に，減少を借方に記録する。
資本の勘定	増加を貸方に，減少を借方に記録する。
収益の勘定	発生を貸方に，（消滅を借方に）記録する。
費用の勘定	発生を借方に，（消滅を貸方に）記録する。

```
       資　産                           負　債
   増　加  │  減　少              減　少  │  増　加
           │                              │

       資　本                           収　益
   減　少  │  増　加             （消　滅）│  発　生
           │                              │

       費　用
   発　生  │ （消　滅）
           │
```

簿記上の取引を分析し，記録する場合，簿記の基本等式がその基礎となる。

資産 ＝ 負債 ＋ 資本

5．仕　訳

仕訳とは，簿記上の取引を認識し，金額を測定し，簿記上の要素に分類し，勘定科目を決定する手続である。

例えば，備品￥500,000を現金で購入した場合，

備品（資産）の増加　→　備品勘定借方に￥500,000を記入。

現金（資産）の減少　→　現金勘定貸方に￥500,000を記入。

仕訳では，

　　　　（借）備　　　品　　500,000　　　（貸）現　　　金　　500,000

問題1　次の（1）〜（5）について，簿記上の取引になるものには〇を，簿記上の取引にならないものには×を解答欄に記入しなさい。

(1) 店内に陳列していた商品¥150,000を盗まれた。
(2) A商品¥400,000の注文を受け，売渡契約を結んだ。
(3) 営業用の店舗建設のため，土地¥2,500,000を購入する契約を結んだ。
(4) 販売用の商品¥75,000を仕入れ，代金は後払いとした。
(5) 夜半に火災があり，倉庫¥800,000が全焼した。出火原因は不明である。

問題2　次の（1）〜（5）の取引について，増加・減少の別とその借方・貸方の要素を解答欄に記入しなさい。

(例) 銀行より現金を借入れた。

(1) 現金を元入れして，仁志商店を開業した。
(2) 商品を仕入れ，代金は後払いにした。
(3) 備品を購入し，代金は現金で支払った。
(4) 貸付金の利息を現金で受取った。
(5) 従業員の今月分の給料を現金で支払った。

問題3　次の（1）〜（8）の取引を勘定記入しなさい。

(1) 現金¥100,000を元入れして，二岡商店の営業を開始した。
(2) 銀行から現金¥800,000を借入れた。
(3) 備品¥350,000を購入し，代金は現金で支払った。
(4) 商品¥280,000を仕入れ，代金は現金で支払った。
(5) 上記の商品を¥350,000で販売し，代金は現金で受取った。
(6) 従業員の今月分給料¥90,000を現金で支払った。
(7) 電話代（通信費）¥15,000とガス代（水道光熱費）¥4,000を合わせて現金で支払った。
(8) 商品¥760,000を仕入れ，代金のうち¥260,000を現金で支払い，残額は掛とした。
(9) 借入金¥800,000を利息¥9,000とともに現金で支払った。

問題1

(1)	(2)	(3)	(4)	(5)

問題2

例	現金の（ 増加 ）→ 現金勘定の（ 借方 ）	借入金の（ 増加 ）→ 借入金勘定の（ 貸方 ）
(1)	現金の（　　　）→ 現金勘定の（　　　）	資本金の（　　　）→ 資本金勘定の（　　　）
(2)	仕入の（　　　）→ 仕入勘定の（　　　）	買掛金の（　　　）→ 買掛金勘定の（　　　）
(3)	備品の（　　　）→ 備品勘定の（　　　）	現金の（　　　）→ 現金勘定の（　　　）
(4)	現金の（　　　）→ 現金勘定の（　　　）	受取利息の（　　　）→ 受取利息勘定の（　　　）
(5)	給料の（　　　）→ 給料勘定の（　　　）	現金の（　　　）→ 現金勘定の（　　　）

問題3

現　金

売　上

備　品

仕　入

買　掛　金

給　料

水道光熱費

借　入　金

通　信　費

資　本　金

支払利息

問題4 空欄を複式簿記の基本等式を参考に埋めなさい。

〔資本等式〕
　　資産－負債＝資本
〔貸借対照表等式〕
　　資産＝負債＋資本
〔損益法による利益計算式〕
　　当期純損益＝収益－費用
〔財産法による利益計算式〕
　　当期純損益＝期末資本－期首資本

問題4

	期首資本	期末資産	期末負債	期末資本	収　　益	費　　用	当期純損益
1		48,000		37,000	15,000	6,000	
2		17,000	4,000			8,600	3,400
3	36,000	53,000		34,000	21,000		
4	73,000		65,000		49,000		17,000

第2章　簿記一巡の手続

―《ポイント整理》――――――――――――――――――――――――

1. 簿記一巡の手続

　簿記一巡の手続は，簿記上の取引を認識してから財務諸表を作成するまでの過程を概観するものである。第3章から第11章までの個別論点を学習する際にも，常に簿記一巡における位置づけを意識することが重要である。

　簿記一巡の手続は，期中手続と決算手続に分けられる。**期中手続**は日常的に行われる記帳業務であり，① **取引** → ② **仕訳帳** → ③ **総勘定元帳**という過程で行われる。

　①取引では，簿記上の取引であるか否かが判断される。

　②仕訳帳では，簿記上の取引と判断された取引を仕訳し，仕訳帳に記入する。仕訳帳は，取引が行われた日付順の記録簿となる。

　③総勘定元帳では，仕訳帳に記載されている仕訳を勘定口座に記入する（これを**転記**という）。転記は，財務諸表作成の準備として，日付順の記録を現金・受取手形・借入金などの各勘定口座に再分類する作業である。

2. 決算手続

　決算手続は，期末（決算日）に行われる手続であり，仕訳帳や総勘定元帳などの帳簿を締切るとともに，一会計期間における企業活動の結果を表示する財務諸表を作成する。具体的には，① **決算予備手続** → ② **決算本手続** → ③ **財務諸表の作成**という過程で行われる。

　①決算予備手続では，**試算表の作成・棚卸表の作成・精算表の作成**が行われる。試算表は，仕訳帳から総勘定元帳への転記が正確に行われたか否かを検証するために作成される。棚卸表は，決算において修正が必要となる事項（これを決算整理事項という）を一覧表示したものである。精算表は，決算の全体像を鳥瞰するために作成される。

　②決算本手続（帳簿決算）では，**総勘定元帳の締切・仕訳帳の締切・繰越試算表の作成**が行われる。総勘定元帳の締切・仕訳帳の締切は，当期と次期を区別するための手続である。繰越試算表は，資産・負債・資本勘定の残高をもとに作成される。

③財務諸表の作成では，損益計算書および貸借対照表の作成が行われる。

問題1　解答欄に示した期中手続の図解に関して，空欄を埋めなさい。

問題2　解答欄に示した決算手続の図解に関して，空欄を埋めなさい。

問題1

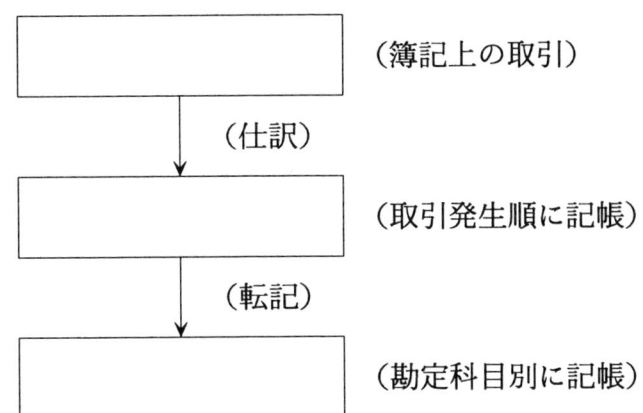

☐ （簿記上の取引）

↓（仕訳）

☐ （取引発生順に記帳）

↓（転記）

☐ （勘定科目別に記帳）

問題2

決算（　　）手続	試算表の作成
	（　　　　）の作成
	（　　　　）の作成

↓

決算（　　）手続	総勘定元帳の締切
	（　　　　）の締切
	（　　　　）の作成

↓

（　　　　）の作成	（　　　　）の作成
	（　　　　）の作成

問題3 以下の仕訳にもとづいて，解答欄の総勘定元帳に転記しなさい。

	借方科目	金額	貸方科目	金額
(1)	現　　金	10,000	資　本　金	10,000
(2)	備　　品	2,000	現　　　金	2,000
(3)	仕　　入	2,500	買　掛　金	2,500
(4)	売　掛　金	3,200	売　　　上	3,200
(5)	支払家賃	500	現　　　金	500

問題4 以下の総勘定元帳にもとづいて，合計残高試算表を作成しなさい。

現　金
10,000	2,000
	500

備　品
2,000	

売　上
	3,200

売　掛　金
3,200	

買　掛　金
	2,500

仕　入
2,500	

資　本　金
	10,000

支払家賃
500	

問題5 以下の合計残高試算表にもとづいて，精算表を作成しなさい。

合計残高試算表

借方残高	借方合計	勘定科目	貸方合計	貸方残高
7,500	10,000	現　　　金	2,500	
3,200	3,200	売　掛　金		
2,000	2,000	備　　　品		
		買　掛　金	2,500	2,500
		資　本　金	10,000	10,000
		売　　　上	3,200	3,200
2,500	2,500	仕　　　入		
500	500	支払家賃		
15,700	18,200		18,200	15,700

問題3

現　　　金	備　　　品	売　　　上

売　掛　金	買　掛　金	仕　　　入

	資　本　金	支　払　家　賃

問題4

合計残高試算表

借方残高	借方合計	勘定科目	貸方合計	貸方残高
		現　　　金		
		売　掛　金		
		備　　　品		
		買　掛　金		
		資　本　金		
		売　　　上		
		仕　　　入		
		支　払　家　賃		

問題5

精算表

勘定科目	試算表 借方	試算表 貸方	損益計算書 借方	損益計算書 貸方	貸借対照表 借方	貸借対照表 貸方
現　　　金						
売　掛　金						
備　　　品						
買　掛　金						
資　本　金						
売　　　上						
仕　　　入						
支　払　家　賃						
当期純利益						

問題6 以下の精算表にもとづいて，貸借対照表・損益計算書を作成しなさい。

精　算　表

勘定科目	試算表 借方	試算表 貸方	損益計算書 借方	損益計算書 貸方	貸借対照表 借方	貸借対照表 貸方
現　　　金	7,500				7,500	
売　掛　金	3,200				3,200	
備　　　品	2,000				2,000	
買　掛　金		2,500				2,500
資　本　金		10,000				10,000
売　　　上		3,200		3,200		
仕　　　入	2,500		2,500			
支払家賃	500		500			
当期純利益			200			200
	15,700	15,700	3,200	3,200	12,700	12,700

問題6

損益計算書

費　　用	金　　額	収　　益	金　　額

貸借対照表

資　　産	金　　額	負債・資本	金　　額

第3章 現金預金

―《ポイント整理》―

1．現金勘定
　現金の受取は現金勘定の借方に，支払は貸方に記入する。通貨のほか，他人振出の小切手・送金小切手・送金為替手形・郵便為替証書・配当金領収証・支払期限の到来した公社債の利札などの通貨代用証券を受取ったときにも現金勘定の借方に記入する。

2．現金出納帳
　現金の収支の明細を記録するための補助簿（補助記入帳）。

3．現金過不足勘定
　現金の実際有高と帳簿残高とが一致しないときには，現金過不足勘定を用いて次のように処理する。

　(1) 現金実際有高が**不足**の場合
　　①不一致があることがわかったとき
　　　　（借）現金過不足　×××　　　（貸）現　　　金　×××
　　②不一致の原因（交通費の記入もれなど）が判明したとき
　　　　（借）交　通　費　×××　　　（貸）現金過不足　×××
　　③決算日まで原因不明のとき
　　　　（借）雑　　　損　×××　　　（貸）現金過不足　×××

　(2) 現金実際有高が**過剰**の場合
　　①不一致があることがわかったとき
　　　　（借）現　　　金　×××　　　（貸）現金過不足　×××
　　②不一致の原因（受取手数料の記入もれなど）が判明したとき
　　　　（借）現金過不足　×××　　　（貸）受取手数料　×××
　　③決算日まで原因不明のとき
　　　　（借）現金過不足　×××　　　（貸）雑　　　益　×××

4．当座預金勘定
　当座預金の受入は当座預金勘定の借方に記入し，引出は貸方に記入する。小切手を振出したときも当座預金勘定の貸方に記入する。

5．当座借越勘定

銀行と当座借越契約を結んでいる場合に，当座預金の残高を超えて小切手を振出したとき，借越額を当座借越勘定の貸方に記入する（二勘定法）。

6．当座勘定

当座預金勘定と当座借越勘定の代わりに利用する（一勘定法）。

7．当座預金出納帳

当座預金の預入と引出の明細を記録し，残高を明らかにしておく補助簿（補助記入帳）。

8．小口現金勘定

タクシー代などの少額の現金支払に備えて手許に用意しておく現金を小口現金といい，小口現金を増加させたときは小口現金勘定の借方に記入し，減少させたときは貸方に記入する。

9．定額資金前渡制度（インプレスト・システム）

あらかじめ一定金額を週（もしくは月）の初めに用度係に支給し，支払報告を受けた金額だけを週末（もしくは月末）に補給する方法。

　①会計係が用度係に小口現金を，小切手を振出して前渡ししたとき
　　　（借）小 口 現 金　×××　　（貸）当 座 預 金　×××
　②会計係が用度係から支払報告（交通費など）を受けたとき
　　　（借）交 通 費　×××　　（貸）小 口 現 金　×××
　③会計係が用度係へ小口現金を，小切手を振出して補給したとき
　　　（借）小 口 現 金　×××　　（貸）当 座 預 金　×××

　※ただし支払報告を受けただちに小切手を振出して補給したときは②と③が一緒になる。
　　　（借）費用の各勘定　×××　　（貸）当 座 預 金　×××

10．小口現金出納帳

小口現金の補給と支払の明細を記録しておくための補助簿（補助記入帳）。

問題1 次の一連の取引を仕訳し，現金出納帳を作成しなさい。月末に現金出納帳を締切ること。なお，￥100,000の前月繰越がある。

(1) 6/ 2　島田商店から売掛代金として現金￥10,000を受取った。
(2) 6/14　松本商店の売掛金のうち￥20,000を同店振出の小切手で受取った。
(3) 6/20　矢部商店の商品売買の仲介をして手数料￥30,000を送金小切手で受取った。
(4) 6/25　かねてより所有している蛍原株式会社の株券1株について，同社から配当金領収証￥4,000が郵送されてきた。
(5) 6/27　かねてより所有している西川商事株式会社の社債につき，期限の到来した社債利札￥5,000が記入もれになっていた。
(6) 6/29　従業員の給料￥60,000を現金で支払った。

問題2 次の取引に関して，仕訳を示しなさい。

(1) 現金の手許有高を計算したところ，帳簿残高よりも￥700不足していた。
(2) 現金の実際有高が帳簿残高より￥700不足していたので，現金過不足勘定で処理していたが，原因を調査したところ，交通費￥600が記入もれであった。なお残額は原因不明のため雑損として処理した。
(3) 現金の手許有高を計算したところ，帳簿残高よりも￥500過剰であった。
(4) 現金の実際有高が帳簿残高より￥500過剰であったので，現金過不足勘定で処理していたが，受取手数料￥300および利息の支払額￥400が記入もれであった。なお残額は原因不明のため雑益として処理した。

問題1

	借 方 科 目	金 額	貸 方 科 目	金 額
(1)				
(2)				
(3)				
(4)				
(5)				
(6)				

現 金 出 納 帳

平成○年		摘　　要	収　入	支　払	残　高
6	1	前月繰越			
7	1	前月繰越			

問題2

	借 方 科 目	金 額	貸 方 科 目	金 額
(1)				
(2)				
(3)				
(4)				

問題3　次の一連の取引に関して，仕訳を示しなさい（二勘定法）。

(1) 7/ 1　北野銀行と当座取引契約を結び，現金￥100,000を預入れた。当座借越契約による借越限度額は￥200,000である。
(2) 7/ 5　浜田商店の買掛金￥90,000を小切手を振出して支払った。
(3) 7/19　内村商店の買掛金￥60,000を小切手を振出して支払った。
(4) 7/28　岡村商店の売掛金のうち￥80,000を同店振出の小切手を受取り，ただちに当座預金に預入れた。

問題4　問題3の取引を当座勘定を用いて仕訳し，当座預金出納帳を作成してこれを締切りなさい（一勘定法）。

問題 3

	借 方 科 目	金　額	貸 方 科 目	金　額
(1)				
(2)				
(3)				
(4)				

問題 4

	借 方 科 目	金　額	貸 方 科 目	金　額
(1)				
(2)				
(3)				
(4)				

当 座 預 金 出 納 帳

平成〇年		摘　　　要	預　入	引　出	借または貸	残　高
7	1					
8	1	前月繰越				

問題5　次の取引を小口現金出納帳に記入し，週末における締切と小切手振出による資金の補給の記入を行いなさい。なお，定額資金前渡制度により，用度係は毎週金曜日に今週の支払報告を行い，資金の補給を受けることになっている。

　　7月1日（月）　バス回数券　￥1,000
　　　2日（火）　電　話　代　￥2,000
　　　3日（水）　文　具　代　￥3,000
　　　4日（木）　新　聞　代　￥4,000

問題6　問題5における7月5日に用度係から支払報告を受け，資金の補給をした場合の仕訳を示しなさい。

問題5

小口現金出納帳

受 入	平成○年		摘 要	支 払	内 訳			
					交通費	通信費	消耗品費	雑 費
20,000	7	1	前週繰越					
			合計					
		5	本日補給					
		〃	次週繰越					
	7	8	前週繰越					

問題6

	借 方 科 目	金　　額	貸 方 科 目	金　　額
7/5				

—23—

第4章　商品売買

《ポイント整理》

1．三分法

商品売買取引を**仕入勘定**（費用勘定），**売上勘定**（収益勘定），**繰越商品勘定**（資産勘定）を用いて処理する方法。

商品を仕入れ，現金を支払ったとき
　　　　（借）仕　　入　×××　　　（貸）現　　金　×××
商品を販売し，現金を受取ったとき
　　　　（借）現　　金　×××　　　（貸）売　　上　×××

2．仕入帳

商品の仕入に関する取引の明細をその発生順に記録する補助簿。

仕　入　帳

平成○年		摘　　　要	内　訳	金　額
7	2	大久保商店　　　　　　掛 　商品A　100個　　@¥200		20,000
	5	大久保商店　　　　　掛値引 　商品A　100個　　@¥ 10		1,000

3．売上帳

商品の販売に関する取引の明細をその発生順に記録する補助簿。

売　上　帳

平成○年		摘　　　要	内　訳	金　額
7	3	高木商店　　　　　　　掛 　商品A　100個　　@¥200		20,000
	6	高木商店　　　　　　掛値引 　商品A　100個　　@¥ 10		1,000

4．商品有高帳

商品の受入，払出および残高の明細を記録する補助簿。

商 品 有 高 帳

(商品F)

(単位：個)

平成 ○年		摘　要	受　入			払　出			残　高		
			数量	単価	金額	数量	単価	金額	数量	単価	金額
7	1	前 月 繰 越	100	10	1,000				100	10	1,000
	7	仕　　　入	100	10	1,000				200	10	2,000
	8	売　　　上				150	10	1,500	50	10	500
	31	**次 月 繰 越**				50	10	500			
			200		2,000	200		2,000			
8	1	前 月 繰 越	50	10	500				50	10	500

先入先出法：先に受入れた商品から先に販売すると仮定し，払出単価を決定する方法。

移動平均法：仕入の都度，残高欄の金額と受入金額を合計し，その合計額を残高数量と受入数量の合計数量で除して，平均単価を計算し，これを払出単価とする方法。

問題1　次の取引に関して，仕訳を示しなさい（三分法）。

(1) 大久保商店から商品¥200,000を仕入れ，代金は小切手を振出して支払った。
(2) 船越商店から商品¥100,000を仕入れ，代金は掛とした。なお，これにともなう運賃¥3,000は現金で支払った。
(3) 三浦商店から現金で仕入れた商品が一部損傷しており，値引の交渉を行った。この結果，現金で¥8,000の値引を受けた。

問題2　次の取引に関して，仕訳を示しなさい（三分法）。

(1) 永井商店に商品¥250,000を販売し，代金は掛とした。
(2) 平山商店に商品¥500,000を販売し，代金は後日受取ることとした。なお，これにともなう発送費¥5,000は現金で支払った。
(3) 平山商店に商品¥500,000を販売し，代金は後日受取ることとした。なお，これにともなう発送費（平山商店負担）¥5,000は現金で支払った。
(4) 都築商店に掛売りしていた商品¥800,000のうち¥100,000が品質不良のため返品された。

問題1

	借 方 科 目	金　　額	貸 方 科 目	金　　額
(1)				
(2)				
(3)				

問題2

	借 方 科 目	金　　額	貸 方 科 目	金　　額
(1)				
(2)				
(3)				
(4)				

問題3 次の一連の取引を仕入帳に記入しなさい。

7月2日　大久保商店より次の商品を仕入れ，代金は掛とした。
　　　　　ワープロ　5台　@¥ 50,000　¥250,000
　　5日　船越商店より次の商品を仕入れ，代金は掛とした。
　　　　　ワープロ　2台　@¥ 55,000　¥110,000
　　　　　パソコン　5台　@¥100,000　¥500,000
　　7日　7月5日に船越商店より仕入れた商品に汚れがあったため，次のとおり値引してもらい，代金は買掛金から差引くこととした。
　　　　　ワープロ　2台　@¥ 5,000　¥ 10,000
　　9日　三浦商店より次の商品を仕入れ，代金のうち半額は小切手を振出して支払い，半額は掛とした。
　　　　　パソコン　2台　@¥120,000　¥240,000

問題4 次の一連の取引を売上帳に記入しなさい。

7月10日　永井商店へ次の商品を販売し，代金は同店振出の小切手で受取った。
　　　　　紳士服　5着　@¥ 10,000　¥ 50,000
　　12日　平山商店へ次の商品を販売し，代金は現金で受取った。
　　　　　婦人服　2着　@¥ 15,000　¥ 30,000
　　　　　紳士服　5着　@¥ 20,000　¥100,000
　　15日　都築商店へ次の商品を販売し，代金は掛とした。
　　　　　婦人服　4着　@¥ 25,000　¥100,000
　　18日　都築商店へ販売した上記商品のうち，次の商品が返品され，代金は売掛金から差引くこととした。
　　　　　婦人服　2着　@¥ 25,000　¥ 50,000

問題3

仕　入　帳

日付		摘　　要	内　訳	金　額
7	2	大久保商店　　　　　　　　　掛		
		ワープロ　5台　　　@￥50,000		

問題4

売　上　帳

日付		摘　　要	内　訳	金　額
7	10	永井商店　　　　　　　　小切手		
		紳士服　5着　　　@￥10,000		

問題5　次の資料によって，先入先出法による商品有高帳の記入を行いなさい。

　7月21日　仕　入　40個　@￥5,000
　　　23日　売　上　16個　@￥6,500（売価）
　　　27日　仕　入　20個　@￥5,200
　　　30日　売　上　36個　@￥6,750（売価）

問題6　次の資料によって，移動平均法による商品有高帳の記入を行いなさい。

　7月21日　仕　入　40個　@￥5,000
　　　23日　売　上　16個　@￥6,500（売価）
　　　27日　仕　入　20個　@￥5,200
　　　30日　売　上　36個　@￥6,750（売価）

問題5

商品有高帳
先入先出法　　　　　　　　　　　　（商品F）

平成〇年		摘要	受入			払出			残高		
			数量	単価	金額	数量	単価	金額	数量	単価	金額
7	1	前月繰越	6	5,000	30,000				6	5,000	30,000

問題6

商品有高帳
移動平均法　　　　　　　　　　　　（商品F）

平成〇年		摘要	受入			払出			残高		
			数量	単価	金額	数量	単価	金額	数量	単価	金額
7	1	前月繰越	6	5,000	30,000				6	5,000	30,000

第5章 債権債務

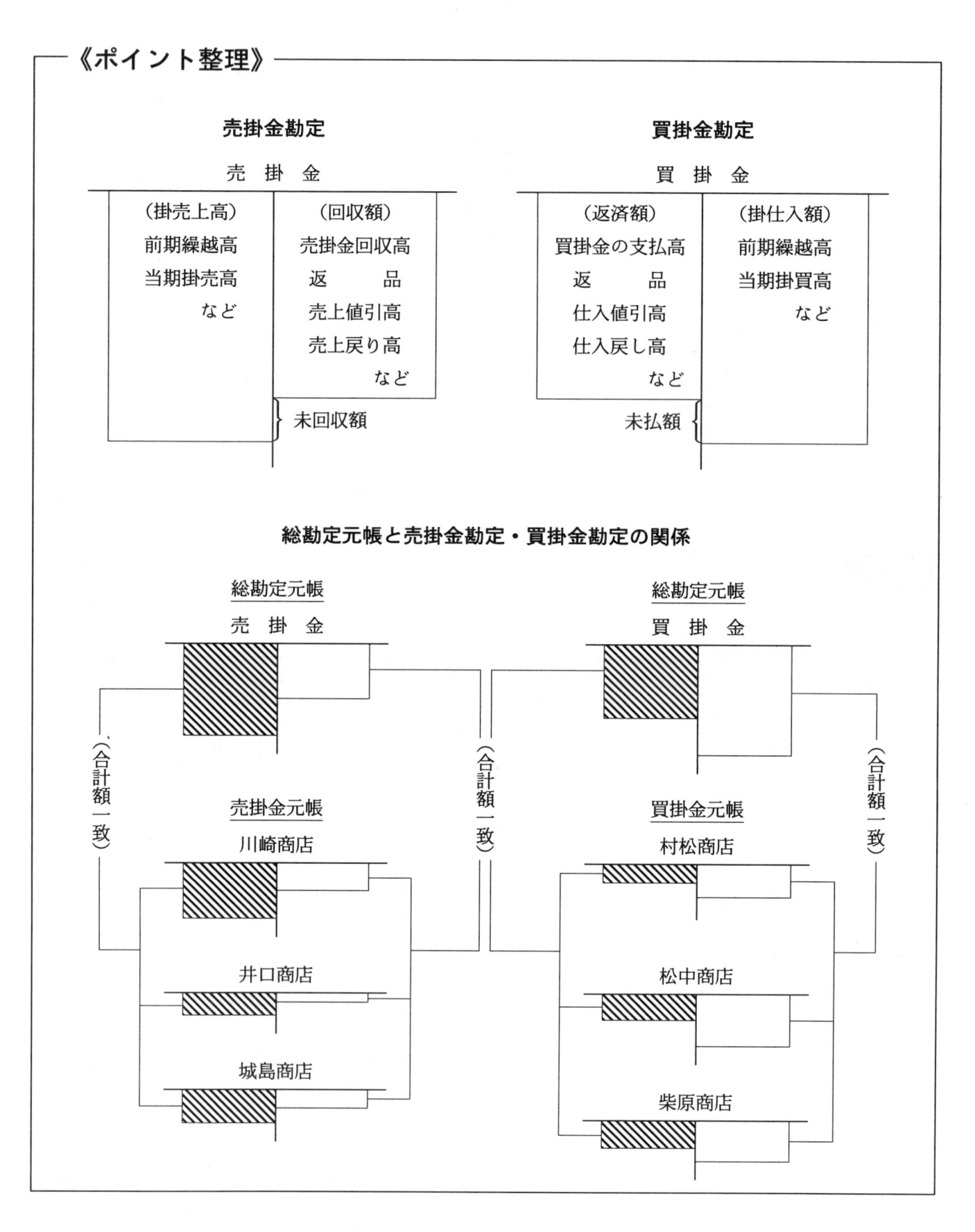

《ポイント整理》

売掛金勘定

```
           売 掛 金
┌─────────────┬─────────────┐
│ (掛売上高)   │ (回収額)     │
│ 前期繰越高   │ 売掛金回収高 │
│ 当期掛売高   │ 返  品       │
│   など       │ 売上値引高   │
│              │ 売上戻り高   │
│              │   など       │
│              ├─────────────┤
│              │ 未回収額     │
└─────────────┴─────────────┘
```

買掛金勘定

```
           買 掛 金
┌─────────────┬─────────────┐
│ (返済額)     │ (掛仕入額)   │
│ 買掛金の支払高│ 前期繰越高   │
│ 返  品       │ 当期掛買高   │
│ 仕入値引高   │   など       │
│ 仕入戻し高   │              │
│   など       │              │
├─────────────┤              │
│ 未払額       │              │
└─────────────┴─────────────┘
```

総勘定元帳と売掛金勘定・買掛金勘定の関係

総勘定元帳 売掛金 — 売掛金元帳（川崎商店／井口商店／城島商店）（合計額一致）

総勘定元帳 買掛金 — 買掛金元帳（村松商店／松中商店／柴原商店）（合計額一致）

1．現金を貸付け，借用証書を受取った場合
　　　　（借）貸　付　金　　　×××　　　（貸）現　　　　金　　　×××
2．現金を借入れ，借用証書を受取った場合
　　　　（借）現　　　　金　　　×××　　　（貸）借　入　金　　　×××
3．商品以外のものを取引し，代金後受けの場合
　　　　（借）未　収　金　　　×××　　　（貸）土　　地　な　ど　×××
　　　　（借）未　収　金　　　×××　　　（貸）受取利息など　　×××
4．その後，代金を回収した場合
　　　　（借）現　　金　な　ど　×××　　　（貸）未　収　金　　　×××
5．商品以外のものを取引し，代金後払いの場合
　　　　（借）土　　地　な　ど　×××　　　（貸）未　払　金　　　×××
　　　　（借）支払利息など　　×××　　　（貸）未　払　金　　　×××
6．その後，代金を支払った場合
　　　　（借）未　払　金　　　×××　　　（貸）当座預金など　　×××
7．商品の仕入に先立ち，内金として商品代金の一部を支払った場合
　　　　（借）前　払　金　　　×××　　　（貸）現　　金　な　ど　×××
8．その後，商品を受取った場合
　　　　（借）仕　　　　入　　　×××　　　（貸）前　払　金　　　×××
9．商品の売上に先立ち，商品代金の一部を受入れた場合
　　　　（借）現　　　　金　　　×××　　　（貸）前　受　金　　　×××
10．その後，商品を引渡した場合
　　　　（借）前　受　金　　　×××　　　（貸）売　　　　上　　　×××
11．一時的に金銭を立替えて支払った場合
　　　　（借）従業員立替金　　×××　　　（貸）現　　金　な　ど　×××
12．一時的に金銭を預かった場合（特に給料の場合は，所得税を差引き残金を支払う場合が多い）
　　　　（借）給　　　　料　　　×××　　　（貸）源泉所得税預り金　×××
　　　　　　　　　　　　　　　　　　　　　　　　現　　　　金　　　×××
13．内容や金額が確定せず現金を支払った場合
　　　　（借）仮　払　金　　　×××　　　（貸）現　　　　金　　　×××
14．その後，内容や金額が確定した場合
　　　　（借）旅　　　　費　　　×××　　　（貸）仮　払　金　　　×××
　　　　　　　現　　金　な　ど　×××
15．内容や金額が確定せず現金を受取った場合
　　　　（借）現　　　　金　　　×××　　　（貸）仮　受　金　　　×××
16．その後，内容や金額が確定した場合
　　　　（借）仮　受　金　　　×××　　　（貸）売　掛　金　な　ど　×××

問題1 次の取引に関して，仕訳を示しなさい。

(1) 川崎商店に商品¥730,000を売渡し，代金は後日受取ることとした。
(2) 村松商店に対する売掛金¥240,000について，同店振出の約束手形を受取った。
(3) 城島商店から商品¥310,000を仕入れたが，代金については掛とした。
(4) 井口商店に対する買掛金¥214,000を，手持ちの他人振出小切手で支払った。

問題2 次の取引に関して，仕訳を示しなさい。

(1) 当社所有の土地の一部を¥2,500,000で売却した。代金のうち¥500,000は現金で受取り，残額は月末に受取る約束である。
(2) 上記（1）の未収分につき，当座預金に入金されたとの通知が銀行よりあった。
(3) 営業用の建物¥300,000を購入し，代金は現金で¥120,000を支払ったが，残額については月末払いとした。
(4) 先月購入した備品の支払未済となっていた金額¥68,000に対して，小切手を振出して支払った。

問題3 次の問いに解答しなさい。

(1) 松中商店に対して期間146日，利率年4％の約束で現金¥115,000を貸付けた。受取利息の金額を求めなさい。
(2) 柴原銀行から期間3ヶ月，利率年3％の約束で現金¥450,000を借入れた。支払利息の金額を求めなさい。

問題1

	借方科目	金額	貸方科目	金額
(1)				
(2)				
(3)				
(4)				

問題2

	借方科目	金額	貸方科目	金額
(1)				
(2)				
(3)				
(4)				

問題3

	計算過程	金額
(1)		
(2)		

問題4 次の取引に関して，仕訳を示しなさい。

(1) 鳥越商店に対する借入金¥270,000を，利息¥1,500とともに現金で返済した。
(2) 斎藤商店から¥140,000を借入れ，利息を差引かれ，手取金を当座預金とした（借入期間73日，利率年8％）。
(3) 和田商店に対する貸付金¥380,000について利息¥20,000を現金で受取り，元金は当座預金に入金があったとの通知が銀行よりあった。
(4) 杉内商店に期間4ヶ月，利率年5％の約束で¥210,000を貸付け，利息を差引いた残額を現金で渡した。

問題5 次の取引に関して，各商店の仕訳を示しなさい。

(1) 篠原商店（A）は，新垣商店（B）に商品¥460,000を注文し，代金の一部¥160,000を現金で前払いした。
(2) 篠原商店（A）は，新垣商店（B）より上記(1)で注文した商品¥460,000を受取り，代金は先に支払った金額を差引いて，後日支払うことにした。

問題4

	借 方 科 目	金 額	貸 方 科 目	金 額
(1)				
(2)				
(3)				
(4)				

問題5

		借 方 科 目	金 額	貸 方 科 目	金 額
(1)	A				
	B				
(2)	A				
	B				

問題6 次の一連の取引に関して，仕訳を示しなさい。

(1) 従業員の出張に際し，その費用見積額¥55,000を現金で渡した。
(2) 出張中の従業員より¥380,000の当座振込があったが，その内容について連絡はなかった。
(3) 従業員が出張先から帰店し，出張費用について次のように報告を受けるとともに，残金を戻入れた。

　　　　　旅　　費　¥30,000　　　　　　通　信　費　¥5,000

(4) 従業員の帰店により，上記（2）の当座振込は得意先からの売掛金の回収であることが明らかとなった。

問題6

	借 方 科 目	金　　　額	貸 方 科 目	金　　　額
(1)				
(2)				
(3)				
(4)				

第6章 有価証券

《ポイント整理》

1．有価証券の種類
　簿記上の有価証券には，株券，社債券，国債証券，地方債証券，証券投資信託や貸付証券の受益証券などが含まれる。

2．売買目的有価証券勘定
　売買目的で株式・公社債などを購入したときは売買目的有価証券勘定の借方に取得原価で記入し，売却したときは貸方に取得原価で記入する。

　　　株式の取得原価＝１株の買入価額×株式数＋買入手数料などの付随費用
　　　公社債＝（額面金額／¥100）×買入単価＋買入手数料などの付随費用

3．株式の配当金を受取ったとき
　　　　（借）現　金　な　ど　×××　　　（貸）受　取　配　当　金　×××

4．公社債の利息を受取ったとき
　　　　（借）現　金　な　ど　×××　　　（貸）有　価　証　券　利　息　×××

5．有価証券売却損（売却益）勘定
　有価証券を売却したとき，売価が取得原価（帳簿価額）を下回った場合は有価証券売却損勘定で処理し，上回った場合は有価証券売却益勘定で処理する。

　①売価が取得原価（帳簿価額）を下回った場合
　　（借）現　金　な　ど　×××　　　（貸）売買目的有価証券　×××
　　　　　有価証券売却損　×××
　②売価が取得原価（帳簿価額）を上回った場合
　　（借）現　金　な　ど　×××　　　（貸）売買目的有価証券　×××
　　　　　　　　　　　　　　　　　　　　　有価証券売却益　×××

6．有価証券評価損（評価益）勘定

決算において売買目的で保有している有価証券に対しては時価法を適用し，時価が取得原価（帳簿価額）を下回った場合は有価証券評価損勘定で処理し，上回った場合は有価証券評価益勘定で処理する。

①時価が取得原価（帳簿価額）を下回った場合
（借）有価証券売却損　×××　　　（貸）売買目的有価証券　×××

②時価が取得原価（帳簿価額）を上回った場合
（借）売買目的有価証券　×××　　　（貸）有価証券評価益　×××

問題1 次の一連の取引に関して、仕訳を示しなさい。

(1) 売買目的で蛍原株式会社の株式10株を1株あたり¥60,000で買入れ、代金は小切手を振出して支払った。
(2) 上記株式について、蛍原株式会社から配当金領収書¥6,000が郵送されてきた。
(3) 上記株式のうち5株を1株あたり¥55,000で売渡し、代金は小切手で受取った。
(4) 決算にあたり、上記株式の残りを1株あたり¥50,000に評価替した。

問題2 次の一連の取引に関して、仕訳を示しなさい。

(1) 売買目的で額面¥100,000の西川商事株式会社の社債を額面¥100につき¥97で買入れ、代金は小切手を振出して支払った。
(2) 上記社債について、利率は年10%であり、利払日となったので利息を当座預金に預入れた。なお、利払は年2回である。
(3) 上記社債のうち額面金額¥50,000を額面¥100につき¥98で売渡し、代金は小切手で受取りただちに当座預金とした。
(4) 上記社債の残りについて（額面金額¥50,000、額面¥100につき¥97で買入れたものである）、決算日の時価は¥99であった。

問題3 次の一連の取引に関して、仕訳を示しなさい。

(1) 売買目的で森田株式会社の株式10株を1株あたり¥90,000で買入れ、代金は買入手数料¥100,000とともに月末に支払うこととした。
(2) 上記株式について、森田株式会社から配当金領収書¥100,000が郵送されてきた。
(3) 上記株式のうち5株を1株あたり¥80,000で売渡し、代金は、小切手で受取りただちに当座預金とした。
(4) 決算にあたり、上記株式の残りを1株あたり¥70,000に評価替した。

問題 1

	借方科目	金　額	貸方科目	金　額
(1)				
(2)				
(3)				
(4)				

問題 2

	借方科目	金　額	貸方科目	金　額
(1)				
(2)				
(3)				
(4)				

問題 3

	借方科目	金　額	貸方科目	金　額
(1)				
(2)				
(3)				
(4)				

第7章 手 形

―《ポイント整理》――――――――――――――――――――――――――

1. 手 形

　手形は，法律上，約束手形と為替手形に分類されるが，仕訳では**受取手形勘定・支払手形勘定**で処理する。

2. 約束手形

　約束手形は，手形の振出人が受取人に対して，一定期日に手形金額を支払うことを約束した有価証券である。手形振出時・決済時の仕訳は，以下のようになる（ただし，アンダーラインの勘定科目は，問題によって異なる）。

振出時 ｛ 振出人　（借）仕　　入　×××　（貸）支払手形　×××
　　　　 受取人　（借）受取手形　×××　（貸）売　　上　×××

決済時 ｛ 振出人　（借）支払手形　×××　（貸）当座預金　×××
　　　　 受取人　（借）当座預金　×××　（貸）受取手形　×××

3. 為替手形

　為替手形は，手形の振出人が支払人に対して，一定期日に手形金額を受取人に支払うことを委託した有価証券である。手形振出時・決済時の仕訳は，以下のようになる（ただし，アンダーラインの勘定科目は，問題によって異なる）。振出人は，決済時の仕訳が必要ない点に注意する。

振出時 ｛ 振出人　（借）仕　　入　×××　（貸）売 掛 金　×××
　　　　 支払人　（借）買 掛 金　×××　（貸）支払手形　×××
　　　　 受取人　（借）受取手形　×××　（貸）売　　上　×××

決済時 ｛ 支払人　（借）支払手形　×××　（貸）当座預金　×××
　　　　 受取人　（借）当座預金　×××　（貸）受取手形　×××

4. 自己宛為替手形

　自己宛為替手形は，振出人と支払人が同一となる手形であり，**自己指図為替手形**（自己受為替手形）は，振出人と受取人が同一となる手形である。

5．手形の割引

　割引とは，支払期日以前において，手形を銀行などの金融機関に持ち込むことで資金の融通を受けることである。金融機関は，期日前の現金化に応じる見返りとして，割引日から満期日までの期間に相当する利息を手形金額から割引料として差引くこととなる。手形所持者が割引を行った場合の仕訳は，以下のようになる。割引料は，**手形売却損勘定**で処理する。

　　　　　（借）当 座 預 金　×××　　（貸）受 取 手 形　×××
　　　　　　　　手 形 売 却 損　×××

6．裏書譲渡

　裏書譲渡とは，支払期日以前において，手形の裏面に書名・押印し，取引相手などに直接譲り渡すことをいう。裏書時の仕訳は，以下のようになる（ただし，アンダーラインの勘定科目は，問題によって異なる）。

裏書時 ｛ 裏 書 人　（借）仕　　　入　×××　　（貸）受 取 手 形　×××
　　　 　被裏書人　（借）受 取 手 形　×××　　（貸）売　　　上　×××

7．手形記入帳

　受取手形記入帳・支払手形記入帳は，手形種類，手形番号，振出日，満期日，手形金額などを記入し，明細を記録しておく補助簿である。

　金銭の貸借を目的として振出される手形（これを**金融手形**といい，これまで説明した手形を**商業手形**という）は，**手形貸付金勘定・手形借入金勘定**で処理する。約束手形の振出しによって金銭を貸付けた場合の仕訳は，以下のようになる。

｛ 貸 付 人　（借）手 形 貸 付 金　×××　　（貸）現　　　金　×××
　 借 入 人　（借）現　　　金　×××　　（貸）手 形 借 入 金　×××

8．手形の更改

　手形の更改とは，満期日に手形代金の支払ができないため，手形受取人の了承を得て支払期日を延期してもらうことをいう。期日延期にともなう利息は，以下の仕訳のように現金で授受される場合と，新手形の金額に加算する方法がある。

　　　　　（借）受取手形（新）　×××　　（貸）受取手形（旧）　×××
　　　　　　　　現　　　金　×××　　　　　　受 取 利 息　×××

問題 1　次の一連の取引に関して，各商店の仕訳を示しなさい。

(1)　吉野商店は，川原商店から商品￥250,000を仕入れ，代金は約束手形￥250,000を振出して支払った。

(2)　川原商店は，取立てを依頼しておいた上記吉野商店振出の約束手形￥250,000が当座預金に入金された旨の通知を受けた。

問題 2　次の一連の取引に関して，各商店の仕訳を示しなさい。

(1)　柏木商店は，大坊商店に商品￥500,000を掛で売渡した。

(2)　柏木商店は，一木商店より商品￥400,000を仕入れ，代金は売掛金のある大坊商店宛の為替手形を振出すこととし，同店の引受を得て一木商店に渡した。

(3)　一木商店は，取引銀行より柏木商店振出の為替手形￥400,000が当座預金に入金された旨の通知を受けた。

問題 3　次の取引に関して，仕訳を示しなさい。

永田商店は，資金融通のため，所有していた井上商店振出・真崎商店引受の為替手形￥600,000を取引銀行で割引き，割引料￥3,000を差引かれ，残額を当座預金とした。

― 46 ―

問題 1

<吉野商店>

	借 方 科 目	金 額	貸 方 科 目	金 額
(1)				
(2)				

<川原商店>

	借 方 科 目	金 額	貸 方 科 目	金 額
(1)				
(2)				

問題 2

<柏木商店>

	借 方 科 目	金 額	貸 方 科 目	金 額
(1)				
(2)				
(3)				

<大坊商店>

	借 方 科 目	金 額	貸 方 科 目	金 額
(1)				
(2)				
(3)				

<一木商店>

	借 方 科 目	金 額	貸 方 科 目	金 額
(1)				
(2)				
(3)				

問題 3

借 方 科 目	金 額	貸 方 科 目	金 額

問題4 次の取引に関して，各商店の仕訳を示しなさい。

山崎商店は，本田商店から商品￥800,000を仕入れた。この代金のうち￥450,000に関しては，所有していた為替手形を裏書譲渡し，残額は掛とした。

問題5 次の一連の取引を仕訳し，支払手形記入帳に記入しなさい。

4月27日　菅村商店から商品￥300,000を仕入れ，代金は約束手形（#6）を振出して支払った（振出日；4月27日，満期日6月30日，支払場所；南北銀行）。

5月20日　仕入先である藤田商店から為替手形（#3）￥460,000の引受を求められ，これを了承した（振出人；藤田商店，受取人；今里商店，振出日；5月20日，満期日；7月31日，支払場所；東西銀行）。

6月30日　菅村商店に振出した約束手形（#6）が満期となり，当座預金から支払った。

問題6 次の取引に関して，各商店の仕訳を示しなさい。

当店（吉瀬商店）は，山盛商店に￥700,000を貸付け，同店振出の約束手形を受取った。なお，利息￥4,000を差引いた残額は，小切手で支払った。

問題 4

＜山崎商店＞

借 方 科 目	金　　額	貸 方 科 目	金　　額

＜本田商店＞

借 方 科 目	金　　額	貸 方 科 目	金　　額

問題 5

	借 方 科 目	金　　額	貸 方 科 目	金　　額
4/27				
5/20				
6/30				

支払手形記入帳

平成〇年	手形種類	手形番号	摘要	受取人	振出人	振出日 月 日	満期日 月 日	支払場所	手形金額	顛末 月 日	摘要

問題 6

＜吉瀬商店＞

借 方 科 目	金　　額	貸 方 科 目	金　　額

＜山盛商店＞

借 方 科 目	金　　額	貸 方 科 目	金　　額

第8章　固定資産

―《ポイント整理》――――――――――――――――――――――――――――――――

1．固定資産
固定資産は建物，車両運搬具，備品，土地など企業が営業活動を行うために，長期にわたり使用する資産である。

2．固定資産の取得
固定資産の取得原価は，購入代価にその目的とする使用に供するまでに要した**費用**（付随費用）を含める。

　　　取得原価＝購入代価＋付随費用

3．資本的支出（改良）と収益的支出（維持・修繕）
固定資産の改良，維持，修繕にともなう支出で，資産の価値増加ないし耐用年数の延長となる部分を**資本的支出**といい当該資産勘定に記入し，資産価値の維持回復となる部分を**収益的支出**といい修繕費勘定で処理する。

4．減価償却
減価を認識して，各年度の減価額を見積計算し，固定資産の帳簿価額から費用として控除する手続を**減価償却**という。この手続によって控除した費用を**減価償却費**という。

5．減価償却の計算方法
定額法による減価償却費は次の計算式で計算する。

$$減価償却費（1年分）＝\frac{取得原価－残存価額}{耐用年数}$$

6．減価償却の記帳方法
減価償却の記帳方法には，**直接法**と**間接法**がある。

　　【直接法】（借）減 価 償 却 費　×××　　（貸）備 品 な ど　　×××
　　【間接法】（借）減 価 償 却 費　×××　　（貸）減価償却累計額　×××

　　注）減価償却累計額勘定は固定資産に対する評価勘定である。

7．固定資産の売却

　固定資産を売却した場合，売却額と帳簿価額とを比較して，差額を**固定資産売却益（損）勘定**で処理する。

①直接法
　（売却額＞帳簿価額）
　　（借）未　収　金　　×××　　（貸）備　　　品　　×××
　　　　　　　　　　　　　　　　　　　固定資産売却益　×××

　（売却額＜帳簿価額）
　　（借）未　収　金　　×××　　（貸）備　　　品　　×××
　　　　　固定資産売却損　×××

　注）直接法の備品勘定の金額は帳簿価額である。

②間接法
　（売却額＞帳簿価額）
　　（借）未　収　金　　×××　　（貸）備　　　品　　×××
　　　　　備品減価償却累計額　×××　　　固定資産売却益　×××
　（売却額＜帳簿価額）
　　（借）未　収　金　　×××　　（貸）備　　　品　　×××
　　　　　備品減価償却累計額　×××
　　　　　固定資産売却損　×××

　注）間接法の備品勘定の金額は取得原価である。

問題1 次の取引に関して，仕訳を示しなさい。

(1) 事務用のOA機器を購入し，代金￥300,000は据付費用￥5,000とともに現金で支払った。
(2) 営業用の土地を購入し，代金￥1,000,000は登記料などの諸費用￥100,000とともに小切手を振出して支払った。
(3) 商品陳列棚を購入し，代金￥500,000は月末払いとした。
(4) 工場の補修を行い，代金￥1,000,000の半分を小切手を振出し，残額は月末払いとした。ただし，屋根，窓ガラスなどの補修￥300,000を修繕として処理した。
(5) 営業用自動車を修繕し，代金￥70,000は現金で支払った。

問題2 次の一連の取引に関して，仕訳を示しなさい。

(1) 平成○1年1月2日に営業用自動車￥800,000（耐用年数6年，残存価額取得原価の10％）を購入し，代金は小切手を振出して支払った。
(2) 上記自動車を同年12月31日の決算に際し，定額法で減価償却を行った。①直接法と②間接法で記入する場合をそれぞれ示しなさい。

問題3 次の取引に関して，仕訳を示しなさい。

(1) 所有する店舗用の土地（1,000㎡，@￥100/㎡）を500㎡売却し，代金は小切手で受取った。売却価格は1㎡あたり￥120である。
(2) 店舗用建物（取得原価￥3,000,000，耐用年数30年，残存価格10％）を売却し，代金￥500,000は小切手で受取り，ただちに当座預金とした。なお築後25年経過しており，減価償却費は定額法で計算して直接法で記帳されている。
(3) 営業用の自動車（取得原価￥700,000）を売却し，代金￥250,000は月末に受取ることにした。なお当該自動車の減価償却累計額は￥500,000である。

問題1

	借 方 科 目	金　　額	貸 方 科 目	金　　額
(1)				
(2)				
(3)				
(4)				
(5)				

問題2

		借 方 科 目	金　　額	貸 方 科 目	金　　額
(1)					
(2)	①				
	②				

問題3

	借 方 科 目	金　　額	貸 方 科 目	金　　額
(1)				
(2)				
(3)				

第9章 資本金

―《ポイント整理》―

1. 資本

　　資本は，企業主の出資した額とそれを元本として運用し得られた利益の額から構成される。これは資本等式（資産－負債＝資本）によって算出することができる。

2. 資本の増加取引

　　①開業時における企業主からの元入れ（出資）
　　②開業後の追加元入れ（追加出資）
　　③当期純利益の計上　　など

　　企業主が現金を元入れしたとき
　　　　（借）現　　金　×××　　　　（貸）資　本　金　×××

3. 資本の減少取引

　　①企業主による資本の引出
　　②当期純損失の計上　　など

　　企業主が私用のため現金を引出したとき
　　　　（借）資　本　金　×××　　　　（貸）現　　金　×××

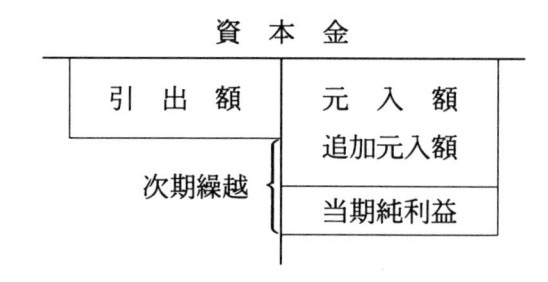

```
             資　本　金
    引 出 額    │  元 入 額
               │  追加元入額
       次期繰越 │  当期純利益
```

4. 引出金

　　資本金勘定の記録の煩雑さを避け，企業主が私用に充てた金額を把握するために，引出金勘定を設け，期中の引出額を当該勘定の借方に記入しておく方法がある。

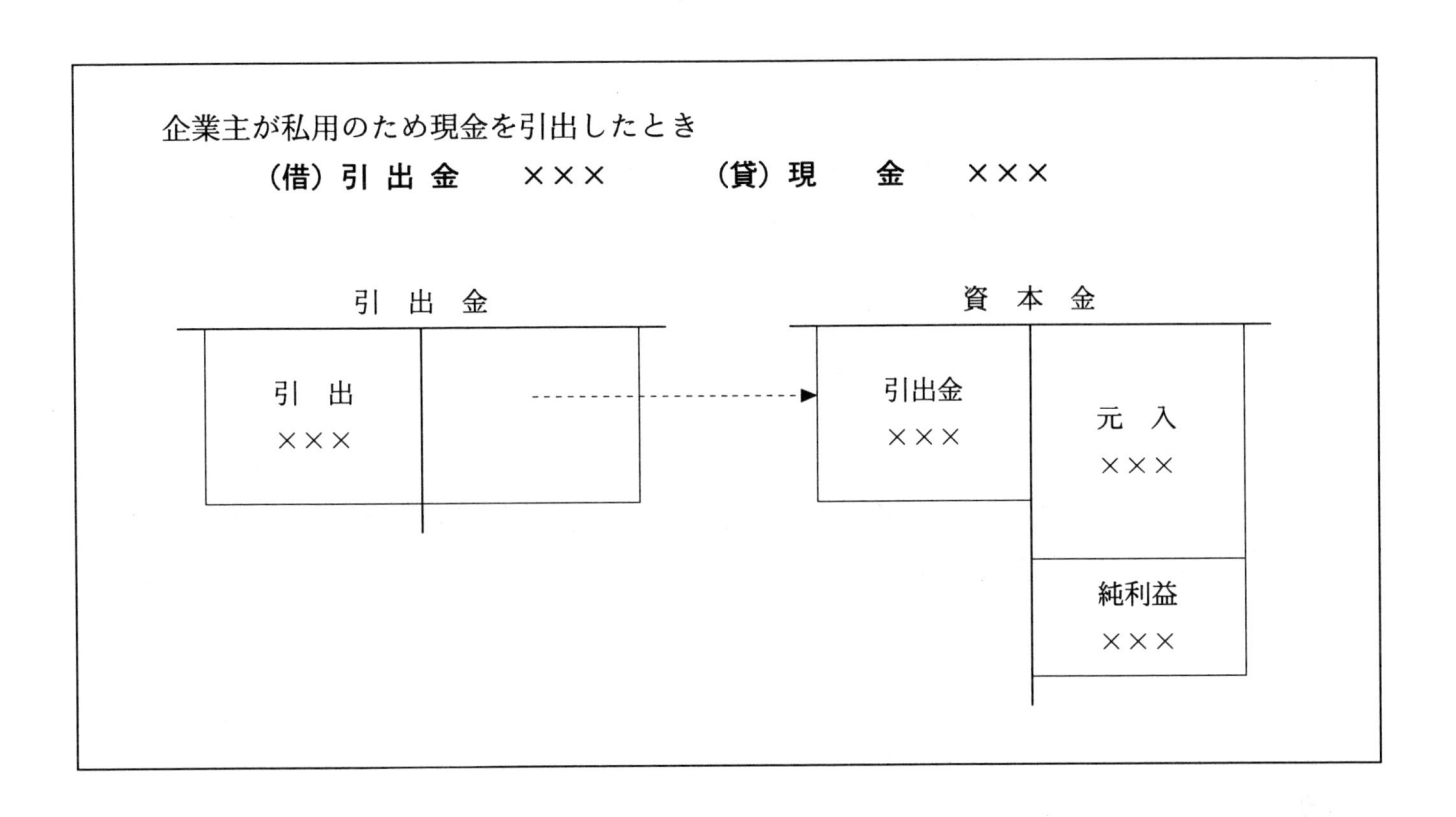

企業主が私用のため現金を引出したとき

　　　（借）引 出 金　×××　　　（貸）現　　金　×××

```
        引 出 金                         資 本 金
  ┌─────────┬─────────┐          ┌─────────┬─────────┐
  │ 引  出  │         │          │ 引出金  │ 元  入  │
  │  ×××   │         │ ------>  │  ×××   │  ×××   │
  │         │         │          │         ├─────────┤
  │         │         │          │         │ 純利益  │
  │         │         │          │         │  ×××   │
  └─────────┴─────────┘          └─────────┴─────────┘
```

企業主が私用のため現金を引出したとき

問題1 次の取引に関して，仕訳を示しなさい。

(1) 現金￥1,500,000を出資して，高木商店を設立した。
(2) 高木商店の店主は，現金￥800,000を追加出資して，事業の拡大を図った。
(3) 高木商店の店主が，店の売上金￥50,000を私用に供した。

問題2 次の取引に関して，仕訳を示しなさい。なお，小嶺商店は資本の引出について，引出金勘定を用いている。

(1) 小嶺商店の店主は，店の商品￥70,000を私用に供した。
(2) 小嶺商店の店主は，自分の生命保険料￥15,000と店舗の火災保険料￥25,000に対して小切手を振出して支払った。
(3) 小嶺商店の店主が店の現金￥50,000を私用に供した。

問題3 決算整理仕訳を示しなさい。

(1) 決算日において，引出金勘定（借方）で処理した期中引出額の合計は￥500,000であった。
(2) 引出金勘定残高￥700,000を決算日に資本金勘定に振替える。

問題1

	借 方 科 目	金　　額	貸 方 科 目	金　　額
(1)				
(2)				
(3)				

問題2

	借 方 科 目	金　　額	貸 方 科 目	金　　額
(1)				
(2)				
(3)				

問題3

	借 方 科 目	金　　額	貸 方 科 目	金　　額
(1)				
(2)				

第10章 経過勘定

《ポイント整理》

1．期間損益計算

収益と費用は，現金の支出または収入があったときに記帳される。しかし，決算に際しては，収入や支出の有無にかかわりなく，当期に発生したものであるかどうかを基準として当期に属する収益・費用（費用・収益の見越し）と当期に属さない収益・費用（費用・収益の繰延べ）とに分け，当期に属する収益・費用で当期の損益計算が行われる。

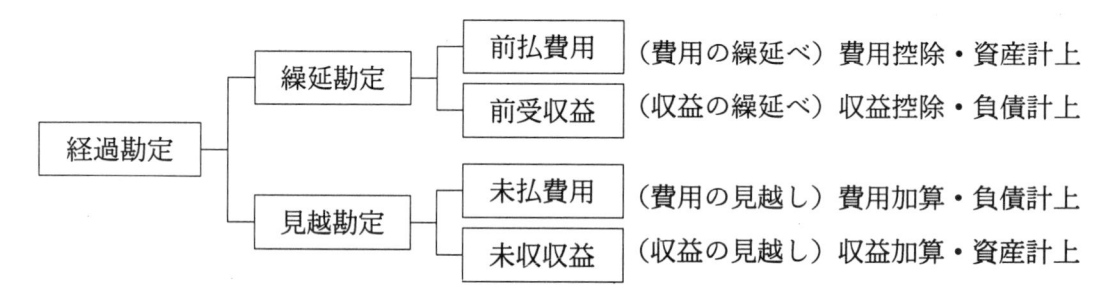

```
                 ┌─ 繰延勘定 ┬─ 前払費用　（費用の繰延べ）費用控除・資産計上
                 │           └─ 前受収益　（収益の繰延べ）収益控除・負債計上
経過勘定 ────────┤
                 └─ 見越勘定 ┬─ 未払費用　（費用の見越し）費用加算・負債計上
                             └─ 未収収益　（収益の見越し）収益加算・資産計上
```

2．費用の繰延べ

当期に支払った費用のなかに，次期以降に属する分（前払分）があるときは，それを当期の費用から差引くとともに，前払費用の勘定として（前払保険料，前払家賃など）（資産）の借方に記入し，次期に繰延べる。

（決算時）

保険料の前払分を次期に繰延べた。

　　　　（借）前払保険料　×××　　　（貸）保　険　料　×××

（翌期首）

翌期首に前払保険料を再振替した。

　　　　（借）保　険　料　×××　　　（貸）前払保険料　×××

3．収益の繰延べ

当期に受取った収益のなかに，次期以降に属する分（前受分）があるときは，それを当期の収益から差引くとともに，前受収益の勘定（前受利息，前受家賃など）（負債）の貸方に記入し，次期に繰延べる。

（決算時）

受取家賃の前受分を次期に繰延べた。

　　　　（借）受取家賃　×××　　　（貸）前受家賃　×××

（翌期首）

翌期首に前受家賃を再振替した。

　　　　（借）前受家賃　×××　　　（貸）受取家賃　×××

4．費用の見越し

　現金の支払がないため費用として記帳されていなくても，当期分の費用が発生しているときは，それを費用の勘定に加えるとともに，未払費用の勘定（未払家賃，未払利息など）（負債）の貸方に記入する。

（決算時）

　家賃の未払額を計上した。

　　　　　（借）支払家賃　×××　　　　（貸）未払家賃　×××

（翌期首）

　翌期首に未払家賃を再振替した。

　　　　　（借）未払家賃　×××　　　　（貸）支払家賃　×××

5．収益の見越し

　現金の受取がないために，まだ収益として記帳されていなくても，当期分の収益が発生しているときは，それを収益の勘定に加えるとともに，未収収益の勘定（未収家賃，未収利息など）（資産）の借方に記入する。

（決算時）

　利息の未払額を計上した。

　　　　　（借）未収利息　×××　　　　（貸）受取利息　×××

（翌期首）

　翌期首に未収利息を再振替した。

　　　　　（借）受取利息　×××　　　　（貸）未収利息　×××

問題 1　次の取引に関して，仕訳を示しなさい。

(1) 決算にあたり次の決算整理事項の仕訳をした。
　①手数料未収高　　　　¥6,000
　②支払家賃の見越高　　¥4,000
　③利息前受分　　　　　¥4,500
　④保険料前払分　　　　¥7,000

(2) 期首における次の仕訳を示しなさい。
　①前払保険料¥8,000を再振替仕訳した。
　②受取利息の未収高¥9,000を再振替仕訳した。

問題 2　次の一連の取引の仕訳を示し，保険料勘定および前払保険料勘定に転記して，締切りなさい。

7月1日　　火災保険料1年分¥36,000を現金で支払った。
12月31日　決算にあたり，保険料のうち，前払分¥18,000を次期に繰延べた。
12月31日　保険料の当期分¥18,000を損益勘定に振替えた。
1月1日　　前払保険料¥18,000を保険料勘定に再振替した。

問題1

		借 方 科 目	金　　額	貸 方 科 目	金　　額
(1)	①				
	②				
	③				
	④				
(2)	①				
	②				

問題2

	借 方 科 目	金　　額	貸 方 科 目	金　　額
7/1				
12/31				
12/31				
1/1				

保　険　料

前 払 保 険 料

問題3 次の一連の取引の仕訳を示し，受取家賃勘定および前受家賃勘定に転記して，締切りなさい。

9月1日　家賃6ヶ月分￥120,000を現金で受取った。
12月31日　決算にあたり，受取家賃のうち，前受分￥40,000を次期に繰延べた。
12月31日　受取家賃勘定の残高￥80,000を損益勘定に振替えた。
1月1日　前受家賃を受取家賃勘定に再振替した。

問題4 次の一連の取引の仕訳を示し，広告料勘定および未払広告料勘定に転記して，締切りなさい。

10月5日　広告料￥50,000を現金で支払った。
12月31日　決算にあたり，広告料の未払額￥10,000を計上した。
12月31日　広告料勘定の残高を損益勘定へ振替えた。
1月1日　未払広告料を広告料勘定に再振替した。
1月31日　広告料￥50,000を小切手を振出して支払った。

問題3

	借 方 科 目	金　　額	貸 方 科 目	金　　額
9/1				
12/31				
12/31				
1/1				

```
      受 取 家 賃                         前 受 家 賃
─────────────┬─────────────    ─────────────┬─────────────
             │                              │
             │                              │
             │                              │
             │                              │
```

問題4

	借 方 科 目	金　　額	貸 方 科 目	金　　額
10/5				
12/31				
12/31				
1/1				
1/31				

```
      広　告　料                         未 払 広 告 料
─────────────┬─────────────    ─────────────┬─────────────
             │                              │
             │                              │
             │                              │
             │                              │
```

問題5　次の一連の取引の仕訳を示し，受取手数料勘定および未収手数料勘定に転記して，締切りなさい。

11月20日　商品売買の仲介をして，手数料の¥36,000を現金で受取った。
12月31日　決算にあたり，手数料の未収額¥10,000を計上した。
12月31日　受取手数料勘定の残高を損益勘定へ振替えた。
1月1日　未収手数料を受取手数料勘定に再振替した。
1月20日　商品売買の仲介をして，未収分を含めて手数料¥20,000を現金で受取った。

問題 5

	借 方 科 目	金　　額	貸 方 科 目	金　　額
11/20				
12/31				
12/31				
1/1				
1/20				

受 取 手 数 料

未 収 手 数 料

第11章 税 金

―《ポイント整理》――――――――――――――――――――――――――

個人企業の税金

　個人企業が納付する税金のうち，所得税，住民税は税法上費用として認められないので，これを納付したときは，引出金勘定の借方に記入する。その他の税金は租税公課勘定で（費用）またはそれぞれの税の名称を付した勘定で処理する。

　所得税・住民税を納付した場合
　　　　（借）　引 出 金　×××　　　（貸）現　　金　×××

　上記以外の税金の場合
　　　　（借）　租税公課　×××　　　（貸）現　　金　×××

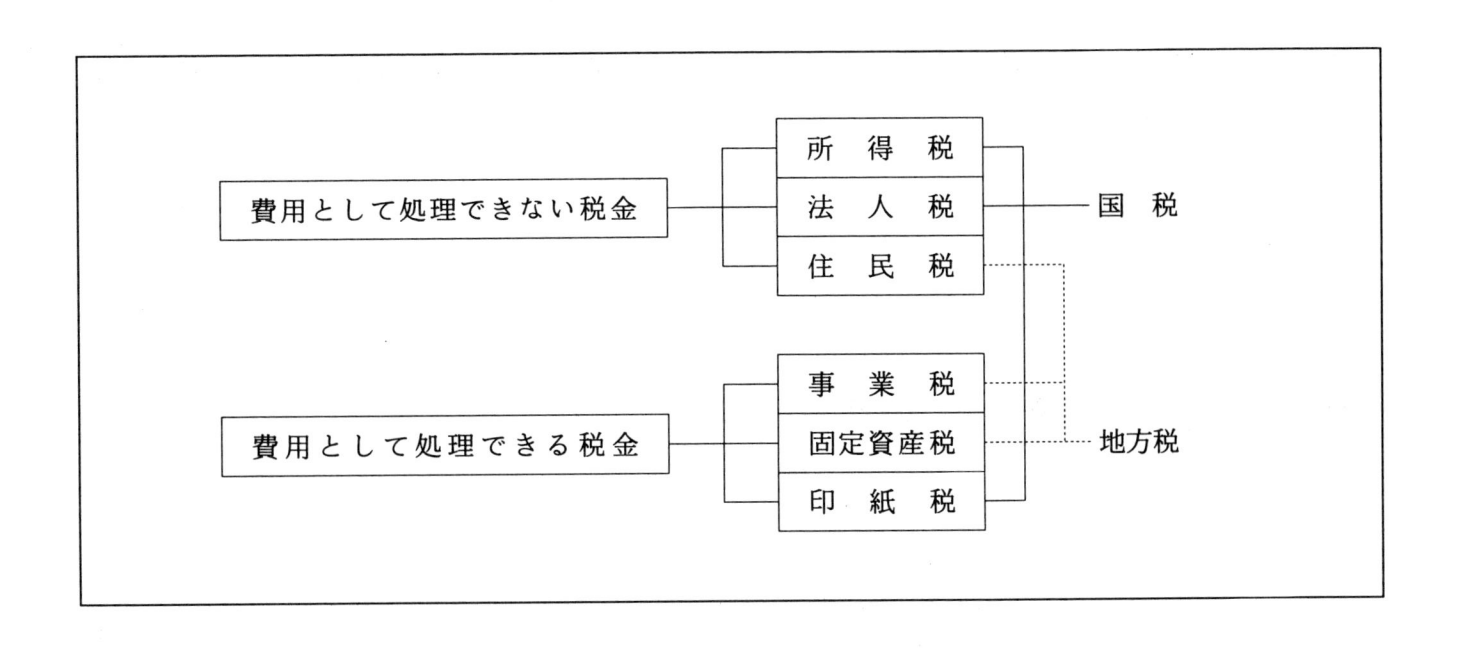

費用として処理できない税金	─	所 得 税	─	国 税
		法 人 税		
		住 民 税		

費用として処理できる税金	─	事 業 税	┄	地方税
		固定資産税		
		印 紙 税		

問題1　次の税金のうち，費用として認められるものには〇，認められないものには×をつけなさい。

　　　a. 固定資産税　　b. 都道府県民税　　c. 印紙税　　d. 所得税　　e. 事業税
　　　f. 市町村民税

問題2　次の取引に関して，仕訳を示しなさい。

(1) 所得税の予定納税額第1期分￥120,000を現金で納付した。
(2) 事業税の第2期分￥35,000を店の現金で納付した。
(3) 固定資産税の第3期分￥90,000を現金で納付した。ただし，このうち￥40,000は店の負担分，残額は家計の負担分である。
(4) 住民税の第1期分の￥80,000を店の現金で納付した。
(5) 郵便局で切手￥8,000と収入印紙￥20,000を現金で購入した。

問題 1

a. 固定資産税　（　　）　　b. 都道府県民税（　　）　　c. 印　紙　税　（　　）

d. 所　得　税　（　　）　　e. 事　業　税　（　　）　　f. 市町村民税　（　　）

問題 2

	借 方 科 目	金　　額	貸 方 科 目	金　　額
(1)				
(2)				
(3)				
(4)				
(5)				

第12章　伝票会計

《ポイント整理》

◇**三伝票制**…入金取引は**入金伝票**（赤刷）に，出金取引は**出金伝票**（青刷）に，振替取引は**振替伝票**（黒刷または青刷）に記入する方法。

1．入金伝票

入金取引を仕訳すると，その借方科目は常に「現金」になるため，貸方科目欄と金額だけを記入するだけでよい。

No.××	入 金 伝 票
	○年 ○月 ○日
売　　上	20,000

（借）現　　金　　20,000　　（貸）売　　上　　20,000

2．出金伝票

出金取引を仕訳すると，その貸方科目は常に「現金」になるため，借方科目欄と金額だけを記入するだけでよい。

No.××	出 金 伝 票
	○年 ○月 ○日
仕　　入	450,000

（借）仕　　入　　450,000　　（貸）現　　金　　450,000

3．振替伝票

入金取引と出金取引以外の取引については，振替伝票に起票し，仕訳伝票と同様，借方計上の勘定科目名と貸方計上の勘定科目名を記入する。借方または貸方科目が複数の場合は，借方と貸方が1つの勘定科目となるように1枚ずつの起票を行う。

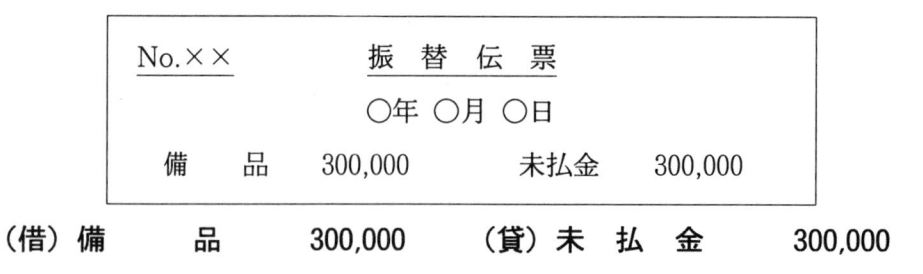

No.××	振 替 伝 票		
	○年 ○月 ○日		
備　品	300,000	未払金	300,000

（借）備　　品　　300,000　　（貸）未　払　金　　300,000

三伝票制における記帳関係

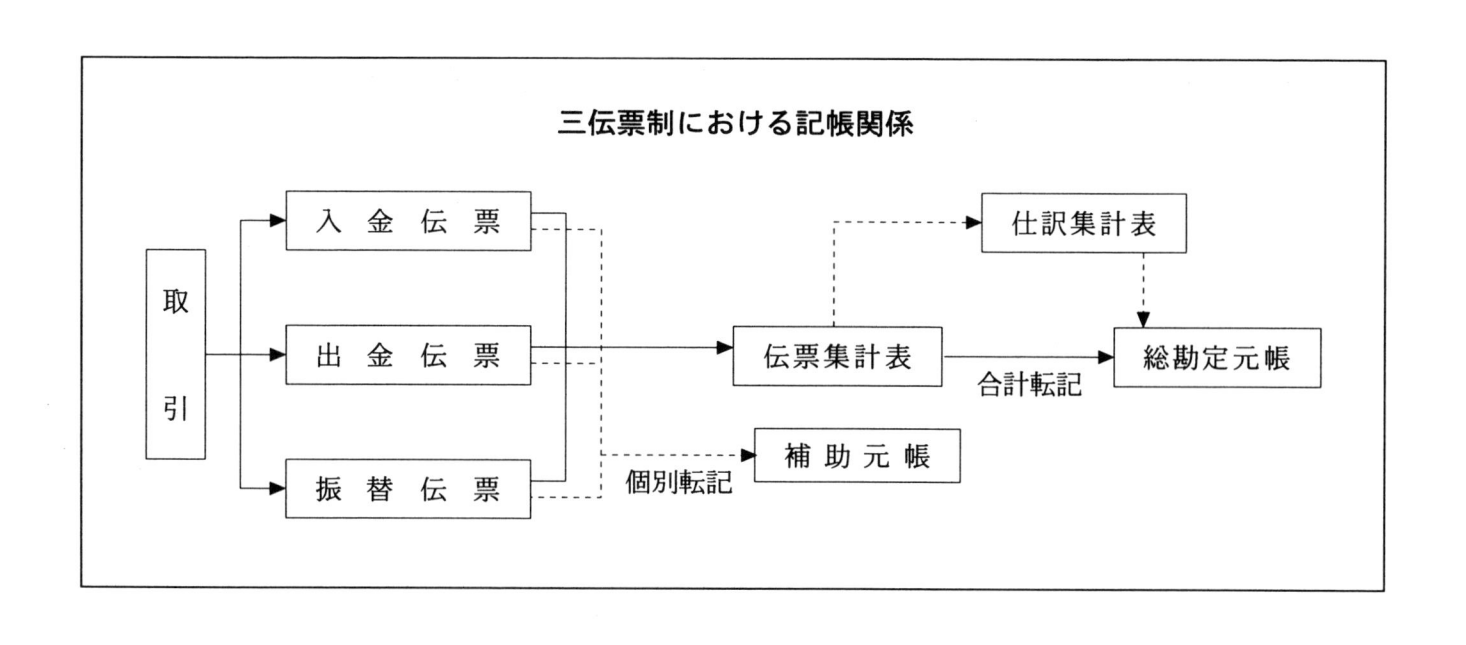

```
                ┌─ 入金伝票 ──┐                    ┌─→ 仕訳集計表 ─┐
                │              │                    │               │
取引 ──→ ├─ 出金伝票 ──┼──→ 伝票集計表 ──合計転記──→ 総勘定元帳
                │              │
                └─ 振替伝票 ──┴──個別転記──→ 補助元帳
```

問題1 次の伝票にもとづいて，解答用紙の仕訳帳に記入しなさい。小書きは記入しなくてよい。

入　金　伝　票	
平成○年4月4日	
科　　目	金　　額
売　　上	780,000

入　金　伝　票	
平成○年4月5日	
科　　目	金　　額
受取手数料	60,000

問題2 商品を売渡し，代金¥930,000のうち¥430,000を現金で受取り，残額を掛とした取引について，入金伝票を（1）のように作成した場合と（2）のように作成した場合のそれぞれについて，解答用紙の振替伝票の記入をしなさい。

(1)
入　金　伝　票	
売　　上	430,000

(2)
入　金　伝　票	
売　掛　金	430,000

問題3 次の2枚の伝票は，ある1つの取引について作成されたものである。これらの伝票から取引を推定して，その取引の仕訳をしなさい。

入　金　伝　票	
平成○年3月23日	
科　　目	金　　額
売　　上	140,000

振　替　伝　票			
平成○年3月23日			
借方科目	金　　額	貸方科目	金　　額
売　掛　金	260,000	売　　上	260,000

問題1

仕　訳　帳

平成○年		摘　　　要	元丁	借　方	貸　方
4	1	前頁から		1,200,000	1,200,000

問題2

(1)

振　替　伝　票

借方科目	金　　額	貸方科目	金　　額

(2)

振　替　伝　票

借方科目	金　　額	貸方科目	金　　額

問題3

仕　　訳

借　方　科　目	金　　　額	貸　方　科　目	金　　　額

第13章 決算

《ポイント整理》

1．決算手続
決算手続には，決算予備手続，決算本手続および財務諸表の作成という一連の過程がある。

2．決算予備手続
試算表を作成し，勘定残高の確認をする。棚卸表を作成し，決算整理事項を整理する。主な決算整理事項は以下のとおりである。

　①売上原価の計算　　②貸倒引当金の設定　　③減価償却
　④費用・収益の見越し・繰延べなど

3．精算表の作成
精算表は決算の概要を一覧表示するとともに，それによって事前に決算の計算過程やその結果を確認できる。

精　算　表

平成○年12月31日

勘定科目	残高試算表 借方	残高試算表 貸方	修正記入 借方	修正記入 貸方	損益計算書 借方	損益計算書 貸方	貸借対照表 借方	貸借対照表 貸方
資産の勘定	1,500		+500	-			2,000	
負債の勘定		400	-50	+150				500
資本の勘定		1,000	+	-				1,000
収益の勘定		800	-	+250		1,050		
費用の勘定	700		+	-150	550			
当期純利益					500			500
	2,200	2,200	550	550	1,050	1,050	2,000	2,000

4．決算本手続（帳簿決算）

精算表を利用して，各勘定の必要な修正記入（決算整理仕訳）を行い，その後に仕訳帳や総勘定元帳などの帳簿の締切を行う。

5．決算整理仕訳

①売上原価の計算

|（借）仕　　　　入|×××|（貸）繰 越 商 品|×××|
|（借）繰 越 商 品|×××|（貸）仕　　　　入|×××|

②貸倒引当金の設定

|（借）貸倒引当金繰入|×××|（貸）貸 倒 引 当 金|×××|

③減価償却費

|（借）減 価 償 却 費|×××|（貸）減価償却累計額|×××|

④費用・収益の見越し・繰延べ

（借）前 払 × ×	×××	（貸）支 払 × ×	×××
（借）未 収 × ×	×××	（貸）受 取 × ×	×××
（借）支 払 × ×	×××	（貸）未 払 × ×	×××
（借）受 取 × ×	×××	（貸）前 受 × ×	×××

6．帳簿の締切

修正記入の後に，帳簿の締切を行う。

①費用と収益の勘定残高を損益勘定に振替える。
②損益勘定の残高を資本金勘定に振替え，費用・収益の各勘定と損益勘定を締切る。
　この振替のための仕訳を**決算振替仕訳**という。
③資産・負債の各勘定と資本勘定を締切り，各勘定残高を繰越す（**英米式決算法**）。
④各勘定の前期繰越分から繰越試算表を作成する。

7．財務諸表の作成

当期の経営成績を報告するために損益勘定をもとに損益計算書を作成する。
当期末の財政状態を報告するために繰越試算表をもとに貸借対照表を作成する。

問題1 次の期末修正事項にもとづいて，精算表を完成しなさい。なお決算日は12月31日である。

(1) 有価証券を¥12,000に評価替する。
(2) 売掛金と受取手形の期末残高に対して2％の貸倒れを見積もった（差額補充法）。
(3) 期末商品棚卸高は¥20,000である。
(4) 備品（耐用年数5年，残存価額10％）の減価償却費を計上する（定額法）。
(5) 家賃（¥1,000/月）は4ヶ月分が未払である。
(6) 保険料は1年分であり，8ヶ月分が未経過である。
(7) 手数料¥8,000が前受分である。
(8) 利息の受取は年2回（7月1日と1月1日）であり，1年につき¥7,200である。未収分を計上する。

問題1

精 算 表

勘定科目	試算表 借方	試算表 貸方	修正記入 借方	修正記入 貸方	損益計算書 借方	損益計算書 貸方	貸借対照表 借方	貸借対照表 貸方
現 金	31,000							
当 座 預 金	28,000							
受 取 手 形	30,000							
売 掛 金	20,000							
有 価 証 券	15,000							
繰 越 商 品	24,000							
備 品	40,000							
買 掛 金		30,000						
貸 倒 引 当 金		500						
減価償却累計額		10,800						
資 本 金		120,000						
売 上		150,000						
受 取 利 息		3,600						
受 取 手 数 料		12,000						
仕 入	104,900							
給 料	20,000							
支 払 家 賃	8,000							
支 払 保 険 料	6,000							
	326,900	326,900						
貸倒（　　）								
有価証券（　　）								
減 価 償 却 費								
（　　）利 息								
（　　）手 数 料								
（　　）家 賃								
（　　）保 険 料								
当期（　　）								

問題 2 次の精算表を完成させなさい。

問題2

精　算　表

勘定科目	試算表 借方	試算表 貸方	修正記入 借方	修正記入 貸方	損益計算書 借方	損益計算書 貸方	貸借対照表 借方	貸借対照表 貸方
現　　　　金	4,200			(　　)			3,400	
当 座 預 金	15,000						15,000	
受 取 手 形	22,000						22,000	
売　掛　金	18,000						18,000	
有 価 証 券	17,000			(　　)			(　　)	
繰 越 商 品	14,000		(　　)	(　　)			14,500	
消　耗　品	5,600			(　　)			1,200	
備　　　　品	50,000						50,000	
支 払 手 形		19,000						19,000
買　掛　金		13,600						13,600
貸倒引当金		300		(　　)				(　　)
減価償却累計額		15,000		(　　)				(　　)
資　本　金		80,000						80,000
売　　　　上		92,000				92,000		
受 取 利 息		1,200	(　　)			(　　)		
受 取 手数料		5,600	(　　)			(　　)		
仕　　　　入	66,000		(　　)	(　　)	(　　)			
給　　　　料	9,000				9,000			
支 払 家 賃	3,200		(　　)		(　　)			
支払保険料	1,800			(　　)	(　　)			
雑　　　　費	900				900			
	226,700	226,700						
雑　　　　損			(　　)		(　　)			
貸倒(　　)			(　　)		500			
有価証券(　　)			(　　)		1,400			
(　　　　)			4,400		(　　)			
減 価 償 却 費			(　　)		5,000			
(　　)手数料				(　　)				800
(　　)利　息			(　　)				400	
(　　)家　賃				(　　)				1,600
(　　)保険料			(　　)				600	
当期(　　　)					(　　)			(　　)
			44,000	44,000				

— 79 —

損益計算書

費用	金額	収益	金額
売上原価	159,000	売上高	260,000
給料	56,100	受取利息	5,400
消耗品費	1,900		
支払家賃	12,000		
交通費	2,800		
支払保険料	900		
貸倒引当金繰入	200		
減価償却費	8,100		
有価証券評価損	1,000		
雑損	1,600		
当期純利益	21,800		
	265,400		265,400

貸借対照表

資産	金額	負債・資本	金額
現金	23,400	支払手形	32,000
当座預金	63,000	買掛金	37,000
売掛金 30,000		未払給料	16,600
貸倒引当金 △900	29,100	資本金	120,000
有価証券	24,500	当期純利益	21,800
商品	12,000		
消耗品	500		
未収利息	1,400		
前払保険料	900		
建物 100,000			
減価償却累計額 △45,000	55,000		
備品 32,000			
減価償却累計額 △14,400	17,600		
	227,400		227,400

問題3

損 益 計 算 書
平成〇年1月1日から平成〇年12月31日まで

費　　　　用	金　　額	収　　　　益	金　　額
売　上　原　価	(　　　　　)	売　　上　　高	(　　　　　)
給　　　　　料	(　　　　　)	(　　　)利　息	(　　　　　)
貸倒引当金繰入	(　　　　　)		
消　耗　品　費	(　　　　　)		
支　払　家　賃	(　　　　　)		
交　　通　　費	(　　　　　)		
支　払　保　険　料	(　　　　　)		
減　価　償　却　費	(　　　　　)		
(　　　　　　)	(　　　　　)		
雑　　　　　損	(　　　　　)		
(　　　　　　)	(　　　　　)		
	(　　　　　)		(　　　　　)

貸 借 対 照 表
平成〇年12月31日

資　　　　　産	金　　額	負債および資本	金　　額
現　　　　　金	(　　　　　)	支　払　手　形	(　　　　　)
当　座　預　金	(　　　　　)	買　　掛　　金	(　　　　　)
売　掛　金（　　）		(　　　)給　料	(　　　　　)
(　　　　)（　　）	(　　　　　)	資　　本　　金	(　　　　　)
有　価　証　券	(　　　　　)	(　　　　　　)	(　　　　　)
(　　　　　　)	(　　　　　)		
商　　　　　品	(　　　　　)		
(　　　)利　息	(　　　　　)		
(　　　)保険料	(　　　　　)		
建　　物（　　）			
(　　　　)（　　）	(　　　　　)		
備　　品（　　）			
(　　　　)（　　）	(　　　　　)		
	(　　　　　)		(　　　　　)

問題4　次の損益勘定および繰越試算表にもとづいて，貸借対照表と損益計算書を完成しなさい（貸倒引当金は，受取手形・売掛金残高に対して，それぞれ2％を設定している）。

損　　益

		摘　　要	借　方			摘　　要	貸　方
12	31	仕　　　入	108,900	12	31	売　　　上	150,000
	〃	給　　料	20,000		〃	受　取　家　賃	9,000
	〃	支　払　保　険　料	2,000		〃	受　取　手　数　料	10,000
	〃	支　払　利　息	7,200				
	〃	貸倒引当金繰入	500				
	〃	減　価　償　却　費	3,600				
	〃	有価証券評価損	3,000				
	〃	資　本　金	23,800				
			169,000				169,000

繰　越　試　算　表

平成○年12月31日

借　方	勘　定　科　目	貸　方
30,000	現　　　金	
10,000	当　座　預　金	
20,000	受　取　手　形	
30,000	売　掛　金	
12,000	有　価　証　券	
20,000	繰　越　商　品	
40,000	備　　　品	
	買　掛　金	30,000
	貸　倒　引　当　金	1,000
	減価償却累計額	14,400
	資　本　金	123,800
	前　受　家　賃	3,000
8,000	未　収　手　数　料	
4,000	前　払　保　険　料	
	未　払　利　息	1,800
174,000		174,000

問題 4

損 益 計 算 書

平成○年1月1日から平成○年12月31日まで

費　　　　用	金　　額	収　　　　益	金　　額
売　上　原　価	(　　　　)	売　　上　　高	(　　　　)
給　　　　　料	(　　　　)	受　取　家　賃	(　　　　)
支　払　保　険　料	(　　　　)	受　取　手　数　料	(　　　　)
支　払　利　息	(　　　　)		
貸倒引当金繰入	(　　　　)		
減　価　償　却　費	(　　　　)		
(　　　　　　)	(　　　　)		
(　　　　　　)	(　　　　)		
	(　　　　)		(　　　　)

貸 借 対 照 表

平成○年12月31日

資　　　　　産	金　　額	負債および資本	金　　額
現　　　　　金	(　　　　)	買　　掛　　金	(　　　　)
(　　　　　　)	(　　　　)	(　　　)家　賃	(　　　　)
受取手形 (　　)		(　　　)利　息	(　　　　)
(　　　　) (　　)	(　　　　)	資　　本　　金	(　　　　)
(　　　　) (　　)	(　　　　)	(　　　　　　)	(　　　　)
貸倒引当金 (　　)	(　　　　)		
有　価　証　券	(　　　　)		
(　　　　　　)	(　　　　)		
(　　　)手数料	(　　　　)		
(　　　)保険料	(　　　　)		
備　　品 (　　)	(　　　　)		
減価償却累計額 (　　)	(　　　　)		
	(　　　　)		(　　　　)

総合問題 ①

I 次の取引を例にならって,「借方の要素」と「貸方の要素」に分解しなさい。

（例）機械￥300,000を購入し，代金は現金で支払った。

1．機械購入補充のため，銀行より現金￥500,000を借入れた。
2．商品￥400,000を売渡し，代金は小切手で受取った
3．現金で旅費￥300,000を支払った。
4．現金￥800,000を元入れして開業した。
5．商品￥300,000を仕入れ，代金は掛とした。
6．買掛金￥250,000を小切手で支払った。

	借 方 の 要 素		貸 方 の 要 素	
例	資産（機　械）の増加	300,000	資産（現　金）の減少	300,000
1	（　　）		（　　）	
2	（　　）		（　　）	
3	（　　）		（　　）	
4	（　　）		（　　）	
5	（　　）		（　　）	
6	（　　）		（　　）	

II 次の取引に関して，仕訳を示しなさい。

1．加護商店から売掛金の回収として，送金小切手￥450,000を受取った。
2．トラック1台，￥3,500,000を購入し，代金のうち￥500,000は小切手を振出して支払い，残額は月末に支払うこととした。
3．辻商店の買掛金￥400,000を支払うため，得意先阿部商店あての為替手形を同店の引受を得て振出した。
4．額面￥1,000,000の公債を＠￥98で買入れ，代金は小切手を振出して支払った。
5．小川商店から商品￥300,000を仕入れ，代金は小切手を振出して支払った。なお，引取費￥3,000は現金で支払った。

6．紺野商店に商品を¥250,000で販売し，代金のうち¥150,000は小切手で受取り，残額は掛とした。

	借方科目	金　額	貸方科目	金　額
1				
2				
3				
4				
5				
6				

Ⅲ　以下に示した（1）〜（9）の仕訳に関して，取引を推定しなさい。

(1)　（借方）現　　　　　金　　80,000　　（貸方）借　入　金　　80,000

(2)　（借方）給　　　　　料　 180,000　　（貸方）現　　　　金　 180,000

(3)　（借方）仕　　　　　入　 450,000　　（貸方）支　払　手　形　 450,000

(4)　（借方）現　金　過　不　足　 1,800　　（貸方）現　　　　金　　1,800

(5)　（借方）売　　掛　　金　　50,000　　（貸方）売　　　　上　　50,000

(6)　（借方）現　　　　　金　 100,000　　（貸方）商　　品　　券　 100,000

(7)　（借方）引　　出　　金　　65,000　　（貸方）現　　　　金　　65,000

(8)　（借方）現　　　　　金　　80,000　　（貸方）備　　　　品　 500,000
　　　　　備品減価償却累計額　 380,000
　　　　　固定資産売却損　　　　40,000

(9)　（借方）仕　　　　　入　 100,000　　（貸方）当　座　預　金　　20,000
　　　　　　　　　　　　　　　　　　　　　　　　当　座　借　越　　80,000

Ⅳ 次の合計残高試算表を完成しなさい。なお，現金勘定の借方合計は￥1,300,000，貸方合計は￥890,000である。

合 計 残 高 試 算 表
平成○年12月31日

借方 残高	借方 合計	元丁	勘定科目	貸方 合計	貸方 残高
( )	( )	1	現　　　金	( )	
150,000	200,000	2	売　掛　金	( )	
( )	500,000	3	商　　　品	360,000	
( )	600,000	4	車　　　両		
	250,000	5	買　掛　金	( )	250,000
		6	資　本　金	( )	( )
		7	商品売買益	90,000	( )
30,000	( )	8	給　　　料		
( )	2,500	9	広　告　料		
7,500	( )	10	支払手数料		
( )	( )			( )	( )

Ⅴ 8桁精算表に関する問題

次の期末修正事項にもとづき，精算表を完成しなさい。

（会計期間2001年4月1日から2002年3月31日）

期末修正事項

①受取手形および売掛金の期末残高に対して，2％の貸倒れを見積もる（差額補充法）。

②有価証券を￥50,000に評価替する。

③商品期末有高は￥50,000である。

④備品について，減価償却を行う。償却方法は定額法により，耐用年数は8年，残存価額は取得原価の10％である。

⑤有価証券の利息￥4,000が未収である。

⑥支払家賃は月￥7,500であるが，2002年3月分が未払となっている。

⑦支払保険料のうち￥6,000は2001年6月1日に向こう1年分を前払したものである。

精算表

勘定科目	試算表 借方	試算表 貸方	修正記入 借方	修正記入 貸方	損益計算書 借方	損益計算書 貸方	貸借対照表 借方	貸借対照表 貸方
現　　　　　金	30,000							
受　取　手　形	180,000							
売　　掛　　金	220,000							
有　価　証　券	47,500							
繰　越　商　品	48,000							
備　　　　　品	120,000							
支　払　手　形		170,000						
買　　掛　　金		150,000						
貸　倒　引　当　金		3,600						
備品減価償却累計額		40,500						
資　　本　　金		250,000						
売　　　　　上		600,000						
有　価　証　券　利　息		4,000						
仕　　　　　入	392,000							
給　　　　　料	90,000							
支　払　家　賃	82,500							
支　払　保　険　料	7,000							
雑　　　　　費	1,100							
	1,218,100	1,218,100						
貸倒引当金繰入								
有価証券（　　）								
（　　　　）								
（　）有価証券利息								
（　　）家　賃								
（　　）保険料								
当期純（　　）								

第14章 株式会社の会計（1）
設立・増資・創立費・開業費・株式交付費

《ポイント整理》

1．株式会社の設立

株式会社を設立する場合は，発起人が発行可能株式総数などを定めた定款を作成して，株式を発行する。株式の引受けと払込みを受け，会社設立の登記を行う。

①定款に定めた発行可能株式総数の範囲内であれば，取締役会の決議により，いつでも自由に株式を発行できる。

②会社の設立にあたって，発行可能株式総数の4分の1以上の株式を発行しなければならない。

③会社設立時に株式払込剰余金（株式の払込金のうち資本金としない金額）にできる金額は，株式払込金額の2分の1までである。

　　　　（借）現　金　な　ど　×××　　（貸）資　本　金　×××
　　　　　　　　　　　　　　　　　　　　　　株式払込剰余金　×××
　　　　　　　　　　　　　　　　　　　　　　（資本準備金）

2．新株式申込証拠金

新株の発行に際して，株式の申込みを受付け，払込金に相当する金額を申込証拠金として払込ませることがある。申込証拠金が払込まれた場合，新株式申込証拠金勘定で処理する。

①申込証拠金の受取時

　　　　（借）現　金　な　ど　×××　　（貸）新株式申込証拠金　×××

②払込期日

　　　　（借）新株式申込証拠金　×××　　（貸）資　本　金　×××

3．創立費

会社の設立のために要した費用を創立費という。創立費は繰延資産として計上することが認められている。資産として計上した場合は，会社の設立後5年以内でその効果が及ぶ期間にわたって，定額法により償却する。

①支出時

　　　　（借）創　立　費　×××　　（貸）現　金　な　ど　×××

②償却時

　　　　（借）創　立　費　償　却　×××　　（貸）創　立　費　×××

4．開業費

　会社の設立後，開業までに要した費用を開業費という。開業費も繰延資産としての計上が認められている。資産として計上した場合，開業後5年以内でその効果の及ぶ期間にわたって，定額法により償却する。

①支出時

　　（借）開　業　費　　×××　　　（貸）現　金　な　ど　×××

②償却時

　　（借）開　業　費　償　却　×××　　　（貸）開　業　費　×××

5．株式交付費

　新株の発行など株式の交付に要した費用を株式交付費という。株式交付費は繰延資産として計上することが認められている。資産として計上した場合，株式の交付後3年以内でその効果の及ぶ期間にわたって，定額法により償却する。

①支出時

　　（借）株　式　交　付　費　×××　　　（貸）現　金　な　ど　×××

②償却時

　　（借）株　式　交　付　費　償　却　×××　　　（貸）株　式　交　付　費　×××

問題1　次の取引に関して，仕訳を示しなさい。

(1) 会社の設立に伴って，株式（1株あたり¥30,000）を発行し，払込金は当座預金とした。なお，発行可能株式総数は，2,000株で，設立にあたって会社法が原則として定める最低数の株式を発行した。
(2) 上記の取引について，会社法が認める最低額を資本金とする場合の仕訳をしなさい。

問題2　次の一連の取引に関して，仕訳を示しなさい。

(1) 株式1,500株（1株あたり¥50,000）を発行して増資を行うことになり，株式の申込みに際して，払込金の全額を申込証拠金として払込むという条件で募集を行ったところ，申込期日までに1,500株の申込みがあり，払込まれた申込証拠金は別段預金とした。
(2) 払込期日に1,500株分の申込証拠金を株式払込金に充当した。これにともなって，払込金を別段預金から，当座預金に預け替えた。また，会社法が認める最低額を資本金とした。

問題3　次の一連の取引に関して，仕訳を示しなさい。なお，会計期間は1年である。

(1) 平成×5年4月1日に，増資を行うため，株式500株（1株あたり¥50,000）を発行し，払込金は当座預金とした。なお，資本金は会社法が認める最低額とした。また，株式募集のための費用として，広告費¥80,000および人件費¥40,000を現金で支払った。
(2) 平成×6年3月31日に，決算にあたり，繰延資産として計上した株式交付費について，3年間にわたり定額法で償却を行った。

問題 1

	借 方 科 目	金 額	貸 方 科 目	金 額
(1)				
(2)				

問題 2

	借 方 科 目	金 額	貸 方 科 目	金 額
(1)				
(2)				

問題 3

	借 方 科 目	金 額	貸 方 科 目	金 額
(1)				
(2)				

第15章 株式会社の会計（2）
剰余金・繰越利益剰余金・会社の合併

―《ポイント整理》――――――――――――――――――――――――――

1. 会社法では，債権者保護の目的から資本準備金と利益準備金の2つの法定準備金を純資産の部に積立てることを強制している。

    ①資本準備金・・・資本として株主から払込まれた金額のうち，資本金として計上しなかった金額で，純資産の部に積立てることを特に定めたものである。株式払込剰余金は，資本準備金として積立てられる。

    ②利益準備金・・・会社の利益から会社法の定めに従って純資産の部に積立てる金額。利益準備金の最低積立額は以下のうちいずれか小さい方の金額である。

    1) 配当金の10%（10分の1）
    2) 資本金×25%（4分の1）－（資本準備金＋利益準備金）
        ただし，資本金の25%≦資本準備金＋利益準備金の場合，利益準備金を積立てる必要はない。

    ③任意積立金・・・会社の利益から積立てられた金額のうち，利益準備金以外のもの。
    ④繰越利益剰余金・・・利益剰余金のうち，利益準備金および任意積立金以外のもの。

2. 決算時の振替仕訳

    決算時に損益勘定に集計された当期純利益あるいは当期純損失の金額は，繰越利益剰余金勘定の貸方あるいは借方に振替えられる。

    ①当期純利益の場合
      （借）損　　　　　益　×××　　（貸）繰越利益剰余金　×××
    ②当期純損失の場合
      （借）繰越利益剰余金　×××　　（貸）損　　　　　益　×××

3. 繰越利益剰余金の処分

    繰越利益剰余金に貸方残高がある場合は，株主総会でその処分が決定される。繰越利益剰余金の処分が行われたときは，繰越利益剰余金勘定からそれぞれの処分項目の勘定に振替えられる。なお，未処分の金額がある場合は，繰越利益剰余金勘定貸方残高として繰越される。
      （借）繰越利益剰余金　×××　　（貸）未払配当金など　×××

4．繰越利益剰余金の処理

繰越利益剰余金に借方残高がある場合は，株主総会においてその処理が決定される。繰越利益剰余金の処理が行われたときは，取崩した勘定の借方に取崩額を，繰越利益剰余金勘定の貸方に補填額を記入する。なお，未処理の場合は，繰越利益剰余金勘定借方残高として，繰越される。

　　　　（借）任意積立金など　　×××　　　（貸）繰越利益剰余金　　×××

5．貸借対照表の純資産の部の表示

株式会社の貸借対照表は，企業会計原則に基づいて表示され，株主資本のうち，資本金を超える部分を剰余金と呼び，資本の金額を表示する資本剰余金と利益の留保額を示す利益剰余金に分けられる。

6．会社の合併

会社の合併には，吸収合併と新設合併があり，存続または新設される会社は，消滅会社の資産と負債を包括的に継承し，対価として消滅会社の株主に株式を交付する。また，これに加えて，合併交付金（現金）を支払うこともある。

7．合併の会計処理

会社の合併を取得とみなす場合は，その会計処理をパーチェス法によって行う。パーチェス法では，消滅会社から継承した純資産の金額を上回る株式の交付による資本金の計上があった場合，その超過額を合併差益勘定の貸方に記入する。合併差益は株式払込剰余金とともに，資本準備金として積立てられる。

　　　　（借）諸　資　産　×××　　（貸）諸　負　債　×××
　　　　　　　　　　　　　　　　　　　　資　本　金　×××
　　　　　　　　　　　　　　　　　　　　合　併　差　益　×××

なお，合併交付金のある場合は，貸方に当該金額（現金）を記入する。

問題1 次の一連の取引に関して，仕訳を示しなさい。

(1) 平成×1年6月30日，キンカメ株式会社は決算を行い，当期純利益¥2,000,000を計上した。なお，繰越利益剰余金勘定の貸方に，¥400,000の残高がある。

(2) 平成×1年9月25日に株主総会が開催され，繰越利益剰余金の処分を以下のように決定した。

　利 益 準 備 金：会社法が定める最低額　　配 当 金：¥1,000,000
　配当平均積立金：¥200,000　　　　　　　　別途積立金：¥360,000

なお，キンカメ株式会社の資本金は¥90,000,000，資本剰余金は¥15,000,000，利益準備金既積立額は，¥8,000,000である。

(3) 平成×1年10月5日，上記配当金の全額を小切手を振り出して支払った。

問題2 次の一連の取引に関して，仕訳を示しなさい。

(1) 平成×5年3月31日の決算に際して，オルフェ株式会社は，当期純損失¥500,000を計上した。なお，繰越利益剰余金の貸方に¥100,000の残高がある。

(2) 平成×5年6月30日の株主総会において，繰越利益剰余金の借方残高のうち，¥300,000については別途積立金を取崩して補填することが決定した。

問題 1

	借 方 科 目	金 額	貸 方 科 目	金 額
(1)				
(2)				
(3)				

問題 2

	借 方 科 目	金 額	貸 方 科 目	金 額
(1)				
(2)				

問題3 ブエナ工業（株）は，ルーラー商事（株）を吸収合併することになり，ルーラー商事（株）の株主に対して，株式3,000株（1株の発行価額¥4,000　全額資本金）を発行し，交付した。合併仕訳を示し，合併貸借対照表を作成しなさい。なお，合併に際して，ブエナ工業（株）はルーラー商事（株）の貸借対照表の金額にもとづき資産と負債を継承するものとする。

貸 借 対 照 表

ブエナ工業（株）　　平成××年××月××日　　（単位：円）

現 金 預 金	7,000,000	買　　掛　　金	4,200,000
売　　掛　　金	6,800,000	借　　入　　金	20,000,000
商　　　　　品	5,500,000	資　　本　　金	40,000,000
建　　　　　物	20,000,000	利 益 準 備 金	3,600,000
土　　　　　地	30,000,000	繰越利益剰余金	1,500,000
	69,300,000		69,300,000

貸 借 対 照 表

ルーラー商事（株）　　平成××年××月××日　　（単位：円）

現 金 預 金	3,500,000	買　　掛　　金	3,800,000
売　　掛　　金	6,000,000	資　　本　　金	15,000,000
商　　　　　品	4,000,000	利 益 準 備 金	1,700,000
建　　　　　物	8,000,000	繰越利益剰余金	1,000,000
	21,500,000		21,500,000

問題 3

合併仕訳

借 方 科 目	金　　額	貸 方 科 目	金　　額

合併貸借対照表

貸 借 対 照 表

ブエナ工業（株）　　平成××年××月××日　　　　　（単位：円）

第16章　株式会社の会計（3）社債

―《ポイント整理》――――――――――――――――――――――――

1．社債の発行

社債とは，社債券と呼ばれる有価証券の発行によって，長期資本を調達した結果，生じる負債である。社債の返済義務は額面金額（割引発行の場合は発行価額，打歩発行の場合は収入額）にもとづき社債勘定の貸方に記入する。

　　　　（借）当座預金など　　×××　　（貸）社　　　　債　　×××

2．社債発行費の記帳

社債発行に要した費用を社債発行費といい，この費用を支払ったときは，社債発行費勘定の借方に記入する。社債発行費は繰延資産としての計上が認められている。この場合には，当該社債の償還期間にわたって，利息法もしくは定額法により，償却しなければならない。

　①支出時
　　　　（借）社 債 発 行 費　　×××　　（貸）現　金　な　ど　　×××
　②償却時
　　　　（借）社債発行費償却　　×××　　（貸）社 債 発 行 費　　×××

3．割引発行時の社債発行差金の処理

社債の割引発行時に発生する社債発行差金は，当該社債の償還期間にわたって，利息法もしくは定額法によって，社債勘定の貸方に加算し，同額を社債利息勘定の借方に記入する。

　　　　（借）社 債 利 息　　×××　　（貸）社　　　　債　　×××

4．社債利息の処理

社債の利息を支払った場合は，社債利息勘定の借方に記入する。

　　　　（借）社 債 利 息　　×××　　（貸）現　金　な　ど　　×××

社債の利払日と決算日が一致しない場合は，決算時に直前の利払日の翌日から決算日までの社債利息を見越し計上する。

　　　　（借）社 債 利 息　　×××　　（貸）未 払 社 債 利 息　　×××

5．社債の満期償還

社債を満期償還した場合は，社債勘定の借方に額面金額で記入する。

　　　　（借）社　　　　債　　×××　　（貸）当座預金など　　×××

6．社債の買入償還

社債を買入償還した場合は，社債勘定の借方に買入償還時の帳簿価額で記入する。割引発行の場合は，社債発行差金の買入償還時までの加算処理を行った後の帳簿価額で記入する。償還した社債の帳簿価額と社債の買入価額が一致しない場合は，当該差額を社債償還益勘定の貸方もしくは社債償還損勘定の借方に記入する。

①償還益が発生する場合

  （借）社　　　　債　×××　　（貸）当 座 預 金 な ど　×××
              社 債 償 還 益　×××

②償還損が発生する場合

  （借）社　　　　債　×××　　（貸）当 座 預 金 な ど　×××
    社 債 償 還 損　×××

問題1 次の一連の取引に関して，仕訳を示しなさい。

(1) 平成×1年7月1日，額面総額¥40,000,000の社債（償還期間8年，年利率4％，利払日6月30日および12月31日）を額面¥100につき¥98で発行し，払込金は当座預金とした。また，社債発行費（資産に計上）¥400,000を現金で支払った。

(2) 平成×2年12月31日，第3回目の利息を小切手を振出して支払った。

(3) 平成×3年3月31日の決算（会計期間は1年）にあたり，社債発行差金の加算処理（定額法）と社債発行費の償却（定額法）を行い，社債利息の未払い分を見越計上した。

(4) 平成×9年6月30日，社債が満期となったため，社債の全額を償還し，最終回の利息とともに償還代金を小切手を振出して支払った。

問題2 次の一連の取引に関して，仕訳を示しなさい。

(1) 平成×3年10月1日，額面総額¥30,000,000（償還期間5年，年利率3％，利払日3月30日および9月30日）の社債を額面¥100につき¥96で発行し，払込金は当座預金とした。また，社債募集のための印刷費¥300,000と広告費¥200,000を現金で支払った。これらの費用は繰延資産として計上する。

(2) 平成×5年3月31日の決算（会計期間は1年）にあたり，社債発行差金の社債勘定への加算処理（定額法）と社債発行費の償却（定額法）を行い，社債の第3回目の利息を小切手を振出して支払った。

(3) 平成×6年10月1日，上記社債のうち，額面総額¥20,000,000の社債を額面¥100につき¥98で買入償還し，代金は小切手を振出して支払った。なお，社債発行差金の加算処理は，毎期，適正に行っている。

問題1

	借 方 科 目	金　　額	貸 方 科 目	金　　額
(1)				
(2)				
(3)				
(4)				

問題2

	借 方 科 目	金　　額	貸 方 科 目	金　　額
(1)				
(2)				
(3)				

第17章 未着品取引・荷為替

―《ポイント整理》――――――――――――――――――――

1．未着品取引

　遠隔地の仕入れ先から商品を仕入れる場合，現品が到着する前に**貨物代表証券**を入手する。商品の売り主（仕入先）は，注文品の発送と同時に貨物代表証券の発行を運送会社に依頼する。貨物代表証券は，運送中の物品について買い主（荷送先）に送付する証券で，荷送先はこの証券と引換えに物品を受取る。運送会社が陸運業者の場合は**貨物引換証**，海運業者の場合は**船荷証券**となる。貨物代表証券は，そのまま保有して到着した商品と引換えた場合，仕入として処理するが，現品到着前に他店に売渡すこと（未着品販売）も可能である。

　①商品の注文を，遠隔地の仕入先に行う。
　②仕入先は商品の発送および貨物代表証券の発行を運送会社に依頼する。
　③運送会社は，貨物代表証券を仕入先に渡す。
　④仕入先は，受取った貨物代表証券を買い主（荷送先）に送付する。商品よりも先に貨物代表証券を受取った場合，**未着品**として処理を行う。

＜貨物代表証券を入手した場合＞

　貨物代表証券を入手（購入または仕入先からの送付を受ける）した場合，**未着品勘定（資産の勘定）の借方に記録**する。

　　　（借）未　着　品　　×××　　（貸）買掛金など　　×××
　　　　　　　　　　　　　　　　　　　　（支払形態）

＜貨物代表証券と引換えに商品を受取った場合＞

　未着品が到着し，貨物代表証券と引換えに現品を受取った場合は，**未着品勘定から仕入勘定に振替える**。なお，引取運賃などの仕入副費は，**仕入勘定に含めて処理**する。

　　　（借）仕　　　入　　×××　　（貸）未　着　品　　×××
　　　　　　　　　　　　　　　　　　　　現金など　　　×××
　　　　　　　　　　　　　　　　　　　　（仕入副費の支払形態）

＜未着品販売＞

　貨物代表証券を販売した場合には，未着品勘定から仕入勘定に振替えた上，未着品売上勘定（収益の勘定）の貸方に記入する。

　　　（借）売掛金など　　×××　　（貸）未着品売上　　×××
　　　　　（代金の受取形態）
　　　（借）仕　　　入　　×××　　（貸）未　着　品　　×××

<決算時の処理>
　期末になっても注文した商品が到着しない場合には，すでに仕入れた商品として処理しているため，未着品勘定の残高を当期仕入高および期末商品棚卸高に加える処理を行う。
　期中に未着品販売を行った場合には，通常の商品売買と同様，損益勘定への振替えを行う。

　　（借）損　　　　益　　×××　　　（貸）未　着　品　　×××
　　（借）未着品売上　　×××　　　（貸）損　　　　益　　×××

2．荷為替手形

　遠隔地に商品を販売する際，その発送を運送会社に委託する。その運送会社から貨物代表証券を受取り，送り先（販売先）に発送することになる。この売上代金を早期に回収するため，運送中の商品（貨物代表証券）を担保とし，為替手形を振出し，銀行で割引く。この為替手形を**荷為替**といい，割引の取引を含めて**荷為替の取組**という。

<商品発送 → 荷為替取組（販売側）>
　荷為替を取組む場合，商品発送時に売上を計上するとともに，ただちに，荷為替手形の振出・銀行での割引を行う。売上代金の一部を荷為替にした際には，残額を売掛金として処理する。

　　（借）当 座 預 金　　×××　　　（貸）売　　　　上　　×××
　　　　　手形売却損　　×××
　　　　　売　掛　金　　×××

<荷為替の引受け（仕入側）>
　銀行から為替手形の引受けを求められ，引受けるとともに貨物代表証券を受取商品と引換える。代金の決済は，手形（為替手形の引受け）と掛になる。

　　（借）仕　　　　入　　×××　　　（貸）支 払 手 形　　×××
　　　　　　　　　　　　　　　　　　　　　買　掛　金　　×××

<未着品の処理>
　荷為替の引受けの際，貨物代表証券を受取り，為替手形を引受けたが，商品がいまだ到着していない場合がある。その場合には，仕入勘定を用いず，未着品勘定を用いて処理する。

　　（借）未　着　品　　×××　　　（貸）支 払 手 形　　×××
　　　　　　　　　　　　　　　　　　　　買　掛　金　　×××

問題1　次の取引に関して，仕訳を示しなさい。

(1) 大湖商店はAKI商店から商品¥800,000を仕入れ，代金のうち¥600,000について，同社振出しの為替手形の引受けを求められたため，これを引受け，船荷証券を受取った。なお，残高は掛とした。商品はいまだ到着していない。

(2) かねて購入していた船荷証券¥300,000につき，本日商品が到着したので，この証券と引換えに商品を引取った。なお，そのさいに引取費用¥10,000を現金で支払った。

(3) かねて購入していた船荷証券¥300,000をシンペイ商店へ¥500,000で売却し，代金のうち¥400,000は当店を受取人とするシンペイ商店振出しBRZ商会宛て（引受済）の為替手形で受取り，残りは掛とした。なお，これにともなう売上原価は仕入原価に振替える。

問題2　次の取引に関して，大湖商店とBRZ商店の双方の仕訳を示しなさい。

(1) 大湖商店は，AKI商店から掛で仕入れた商品α¥80,000および商品β¥100,000の船荷証券を受取った。

(2) 大湖商店は，商品βの船荷証券を¥120,000でBRZ商店に掛で売却した。

(3) 大湖商店は，商品αが到着したので船荷証券と引換えに引取った。なお，引取運賃¥6,500は小切手で支払った。

(4) BRZ商店は，商品βが到着したので船荷証券と引換えにこれを引取り，引取運賃¥9,500を現金で支払った。

問題1

	借方科目	金額	貸方科目	金額
(1)				
(2)				
(3)				

問題2

借方科目	金額	貸方科目	金額

(1) 大湖商店

(2) 大湖商店

BRZ商店

(3) 大湖商店

(4) BRZ商店

問題3 次の一連の取引に関して、仕訳を示しなさい。なお、(1)は大湖商会の取引、(2)(3)はAKI商会の取引として仕訳を示すこと。

(1) 大湖商会は、AKI商会に商品¥400,000を船便で発送し、商品代金のうち¥320,000について船荷証券を担保として荷為替を取組み、割引料¥10,000を差引かれた手取金を当座預金とした。

(2) AKI商会は、銀行より上記(1)の大湖商会振出しの為替手形の引受けを求められ、引受けるとともに船荷証券を受取った。なお、商品はまだ到着していない。

(3) AKI商会は、上記(2)で受取った船荷証券と引換えに、運送会社より商品を受取った。

問題4 次の一連の取引に関して、仕訳を示しなさい。

(1) シンペイ商店は、BRZ商会から注文のあった商品¥500,000を船便で発送し、取引銀行で船荷証券を担保としてBRZ商会宛で代金の80％の荷為替手形を取組み、割引料¥1,500を差引かれ、手取金を当座預金とした。

(2) BRZ商会は、取引銀行から上記の為替手形の呈示を受け、これを引受けて船荷証券を受取った。

(3) BRZ商会は、上記の船荷証券と引換えに商品を引取った。なお引取のための運送費¥3,000は現金で支払った。

問題3

	借 方 科 目	金　　額	貸 方 科 目	金　　額
(1)				
(2)				
(3)				

問題4

	借 方 科 目	金　　額	貸 方 科 目	金　　額
(1)				
(2)				
(3)				

第18章 委託販売

―《ポイント整理》――――――――――――――――――――――――

1．委託販売

　委託販売とは，遠隔地にある他店に商品を委託する販売形態のことである。委託する側を**委託者**，委託を引受ける側を**受託者**という。

　　①委託者は遠隔地にある他店（受託者）に商品の販売を委託し，受託者はこれを引受ける。
　　②委託者は商品を発送し，受託者はこれを受入れる。
　　③受託者は第三者に商品を販売し，代金を受取る（預かる）。
　　④受託者は③の販売の事実について**売上計算書**を作成し，委託者に送付する。
　　⑤受託者は販売した商品の代金を，委託者に送金する。また，委託者は販売代行の手数料を受託者に支払う（受託者側は売上代金から手数料を差引いた金額を相殺して送付する）。

＜委託者の商品発送時＞

　委託者が販売を委託して商品を発送（積送）した際には，積送した商品の原価を仕入原価から**積送品勘定**（資産勘定）の借方に振替える。なお，積送時に発送費等を支払った場合には，積送品勘定に含めて処理する。

　　　（借）積　送　品　　×××　　（貸）仕　　　　入　　×××
　　　　　　　　　　　　　　　　　　　　　現　金　な　ど　　×××
　　　　　　　　　　　　　　　　　　　　　（発送費の支払形態）

＜売上計算書＞

	売　上　計　算　書	
Ⅰ．売上高		（①10,000）
Ⅱ．諸　掛	引取費等（②300）	
	手数料　　（③500）	（④　　800）
Ⅲ．手取額		（⑤　9,200）

　①受託者が第三者に販売した売上代金総額。
　②受託者が積送品を受入れてから販売するまでに要した費用の支払額。引取費，保管料，雑費等。
　③受託者が受取る（委託者が支払う）手数料。
　④（②＋③）←売上代金から差引く。
　⑤（①－④）受託者が委託者に送金する金額。

委託者は売上計算書を受取った際，**積送品売上**勘定（収益の勘定）の貸方に記入し，引取費・手数料等の諸掛を差引いた手取金を**積送売掛金**勘定（資産の勘定）の借方に記入する。諸掛については**積送販売費**勘定または**積送諸掛**勘定（費用の勘定）の借方に記入する。なお，販売した積送品原価を積送品勘定から仕入勘定に振替える処理を一括で期末に行う場合もある。

　　　（借）積送売掛金　　　×××　　　（貸）積送品売上　　　×××
　　　　　　積送販売費　　　×××
　　　（借）仕　　　　入　　×××　　　（貸）積　送　品　　　×××

＜手取金の入金＞
　　　（借）現　金　な　ど　×××　　　（貸）積送売掛金　　　×××
　　　　　　（受取形態）

2．受託販売

受託者側では，委託者から商品を預かり，第三者に販売し，売上計算書を作成する処理を行う。ただし，受託者側は，商品の増減は発生しないため，受託販売にともなって生じる債権債務の額を**受託販売**勘定で記録する。

＜委託者からの積送品の受入れ＞
　　　（借）受　託　販　売　×××　　　（貸）現　金　な　ど　×××
　　　　　　　　　　　　　　　　　　　　　　（引取費用の支払形態）

＜積送品の保管に関する支払い＞
　　　（借）受　託　販　売　×××　　　（貸）現　金　な　ど　×××
　　　　　　　　　　　　　　　　　　　　　　（保管費用の支払形態）

＜第三者への積送品販売＞
　　　（借）売　掛　金　な　ど　×××　　（貸）受　託　販　売　×××
　　　　　　（積送品代金受取形態）

＜売上計算書作成および送付＞
　　上記の売上計算書を作成し，委託者へ送付する。同時に，手数料の計上を行う。
　　　（借）受　託　販　売　×××　　　（貸）受取手数料　　　×××

＜委託者に対しての送金＞
　　　（借）受　託　販　売　×××　　　（貸）現　金　な　ど　×××
　　　　　　　　　　　　　　　　　　　　　　（委託者への送金形態）

3．委託買付

委託買付とは，遠隔地にある他店に商品の購入を委託する取引形態のことである。委託する側を**委託者**，委託を引受ける側を**受託者**という。

①委託者は遠隔地にある他店（受託者）に商品の購入を委託し，受託者はこれを引受ける。

②委託者はあらかじめ購入代金の一部（前払金）を受託者に送金する。

③受託者は第三者より商品を購入し，代金を立替払いする。

④受託者は③の購入の事実について**買付計算書**を作成し，購入した商品とともに委託者に送付する。

⑤受託者は購入代金・諸費用の立替額・手数料等を合計し，前払金を差引いた額を委託者に請求する。

⑥委託者は受託者からの請求に応じて買付代金を送金する。

＜商品の買付委託の代金を一部前払いした時＞

一般の仕入取引と同様，**前払金**勘定で処理する。

（借）前 払 金 ×××　　（貸）現 金 な ど ×××
　　　　　　　　　　　　　　　　　　（前払金の支払形態）

＜買付計算書＞

買　付　計　算　書	
Ⅰ．買付金額	（①10,000）
Ⅱ．諸　　掛　　発送費等（②300）	
手数料　（③500）	（④　800）
合　　計	（⑤10,800）
Ⅲ．前 受 金	（⑥ 5,000）
Ⅳ．請 求 額	（⑦ 5,800）

①受託者が第三者に支払った購入代金総額。

②受託者が商品を購入してから委託者に発送するまでに要した費用の支払額。引取費，保管料，発送費等。

③受託者が受取る（委託者が支払う）手数料。

④（②+③）← 購入代金総額と合計（⑤）。

⑦（⑤-⑥）受託者が委託者に請求する金額（委託者は商品とともに買付計算書を受取り，通常の仕入の仕訳を行う。買付に要した諸掛はすべて仕入勘定に含めて記帳する）。

＜受託者への送金＞

（借）買 掛 金 ×××　　（貸）現 金 な ど ×××
　　　　　　　　　　　　　　　　　　（送金の支払形態）

4．受託買付

受託者側では，委託者から買付代金を前受けし，第三者から商品を購入し，買付計算書を作成し商品とともに委託者に送付する。ただし，受託者側は，商品の増減は発生しないため，受託買付にともなって生じる債権債務の額を**受託買付勘定**で記録する。

＜委託者から買付代金の一部を受取る＞
　　　（借）現　金　な　ど　　　×××　　　（貸）受　託　買　付　　　×××
　　　（前受金の支払形態）

＜第三者から商品を購入＞
　　　（借）受　託　買　付　　　×××　　　（貸）買　掛　金　な　ど　×××
　　　　　　　　　　　　　　　　　　　　　　（商品購入の支払形態）

＜購入商品の保管時に生じる費用の支払い＞
　　　（借）受　託　買　付　　　×××　　　（貸）現　金　な　ど　　　×××
　　　　　　　　　　　　　　　　　　　　　　（保管費等の支払形態）

＜買付計算書作成および商品送付＞
　　上記の買付計算書を作成し，商品とともに委託者へ送付する。同時に，手数料の計上および発送諸掛の支払について受託買付勘定の借方に記帳をし，その後，委託者に請求を行う。
　　　（借）受　託　買　付　　　×××　　　（貸）受　取　手　数　料　×××

＜委託者からの送金＞
　　　（借）現　金　な　ど　　　×××　　　（貸）受　託　買　付　　　×××
　　　（委託者からの送金形態）

問題1　次の一連の取引に関して，仕訳を示しなさい。

(1) 大湖商店は，商品¥500,000の販売をAKI商店に委託し，発送した。なお，発送費用¥10,000を小切手を振出して支払った。
(2) AKI商店より上記(1)の積送品について，次の売上計算書が送付されてきた。

売 上 計 算 書	
Ⅰ．売上高	¥600,000
Ⅱ．諸　掛	¥ 20,000
Ⅲ．手取額	¥580,000

(3) AKI商店より上記(2)の手取金について送金を受けた。

問題2　次の取引に関して，仕訳示しなさい。

(1) 委託販売のために内藤商店へ商品（原価¥120,000，売価¥150,000）を発送し，運賃・保険料などの諸掛¥6,000を現金で支払った。
(2) 内藤商店から上記の売上計算書（売上高¥150,000，販売手数料¥8,000，手取金¥142,000）を受取った。
(3) 内藤商店から，手取金¥142,000を同店振出しの小切手で受取り，ただちに当座預金とした。

問題3　次の一連の取引に関して，仕訳を示しなさい。

(1) AKI商店は，商品¥500,000の販売を大湖商店に委託され，これを引受けるとともに，その商品を受入れた。なお，引取費用として¥2,000を現金で支払った。
(2) 上記(1)を倉庫に保管し，保管料¥5,000を現金で支払った。
(3) AKI商店は，井上商店に上記(1)の商品を¥600,000で販売し，代金は現金で受取った。
(4) 上記(3)の売上について，売上計算書を作成し，大湖商店に送付した。なお，大湖商店より受取る手数料は¥15,000と計算された。
(5) 受託販売の代金を精算し，大湖商店に送金した。

問題1

	借 方 科 目	金　　額	貸 方 科 目	金　　額
(1)				
(2)				
(3)				

問題2

	借 方 科 目	金　　額	貸 方 科 目	金　　額
(1)				
(2)				
(3)				

問題3

	借 方 科 目	金　　額	貸 方 科 目	金　　額
(1)				
(2)				
(3)				
(4)				
(5)				

問題4　かねて商品の買付を委託していたBRZ商会から商品と買付計算書が送付され，買付代金￥550,000と買付手数料￥60,000を請求された。なお，委託時に買付代金の一部として￥210,000を前払いしている。

問題5　次の一連の取引に関して，仕訳を示しなさい。

(1) 大湖商店は，商品￥800,000の買付をAKI商店に委託し，買付代金の一部として￥300,000を送金した。

(2) AKI商店より上記（1）の委託について，商品とともに買付計算書が送付されてきた。なお，商品受入れの際に，引取費￥10,000を現金で支払った。

買 付 計 算 書	
Ⅰ．買付金額	￥800,000
Ⅱ．諸　　掛	￥ 30,000
合　　計	￥830,000
Ⅲ．前 受 金	￥300,000
Ⅳ．請 求 額	￥530,000

(3) AKI商店へ上記（2）の請求額を送金した。

問題6　BRZ商事は，商品買付を委託されたSinp工業に対して，立替えた買付代金￥400,000に買付手数料￥30,000を加算して買付計算書を作成し，送付した。

問題7　次の一連の取引に関して，仕訳を示しなさい。

(1) AKI商店は，大湖商店より商品￥800,000の買付を委託され，代金の一部として￥300,000の現金を受取った。

(2) 上記（1）について，BRZ商会より商品￥800,000を購入し，代金は小切手を振出して支払った。その際，商品引取の費用￥5,000を現金で支払った。

(3) 上記（2）を倉庫に保管し，保管料￥5,000を現金で支払った。

(4) 上記（2）の商品について買付計算書を作成し，商品とともに大湖商店に送付した。なお，大湖商店より受取る手数料は￥20,000と計算された。

(5) 大湖商店より，上記（4）で請求した委託買付代金が送金されてきた。

問題 4

借 方 科 目	金　　額	貸 方 科 目	金　　額

問題 5

	借 方 科 目	金　　額	貸 方 科 目	金　　額
(1)				
(2)				
(3)				

問題 6

借 方 科 目	金　　額	貸 方 科 目	金　　額

問題 7

	借 方 科 目	金　　額	貸 方 科 目	金　　額
(1)				
(2)				
(3)				
(4)				
(5)				

第19章 割賦販売・試用販売・予約販売

―《ポイント整理》―

1．割賦販売
商品を引渡した後に，その代金を数回に分けて回収する販売形態のこと。処理方法には，**販売基準**と**回収基準**などがある。

＜販売基準＞
割賦販売の収益の認識を通常の掛売上と同じように処理する。売上額を**割賦売掛金**勘定の借方と**割賦売上**勘定の貸方に記入する。割賦金を回収する都度，割賦売掛金を減少させる。
①販売時
　　（借）割 賦 売 掛 金　×××　　　（貸）割 賦 売 上　×××
②割賦金回収時
　　（借）割賦金受取形態　×××　　　（貸）割 賦 売 掛 金　×××

＜回収基準＞
割賦販売では，長期にわたって代金を回収することを考慮して，収益の認識を代金回収時に行う。記帳の方法は，**対照勘定法**と**未実現利益控除法**がある。
①対照勘定法
　商品の引渡し時に**割賦売掛金**勘定の借方と**割賦仮売上**勘定の貸方に売上金額を記入し，対照勘定による備忘記録を行う。割賦金を回収する都度，入金額を**割賦売上**勘定に貸方記入し，対照勘定を同額分だけ反対仕訳し，相殺する。
②未実現利益控除法
　商品引渡し時・代金回収時は通常の掛売上と同じ処理を仮に行っておき，決算時に割賦販売利益を調整する方法のこと。

＜決算時＞
販売時に販売基準で処理した場合には，決算時においても通常の掛販売と同様の処理を行う。回収基準で処理した場合には，期中に回収が完了した売上げの収益が計上されることになる。したがって，未回収額に含まれる売上原価を確定するため，期末に未回収額の割賦売掛金に含まれる原価分を期末商品棚卸高に加える。

$$\text{期末商品棚卸高に加える原価額} = \frac{\text{割賦売掛金残高} \times \text{割賦売上原価}}{\text{割賦売上高}}$$

　　（借）繰 越 商 品　×××　　　（貸）仕 入　×××

未実現利益控除法で処理した場合には，期末の売掛金に含まれている利益を次期に繰延べる。

$$繰延べられる利益 = \frac{期末割賦売掛金残高 \times (割賦売上高 - 割賦売上原価)}{割賦売上高}$$

　（借）繰延（割賦）売上利益控除　×××　（貸）繰延（割賦）売上利益　×××

割賦売掛金が回収されたら，繰延（割賦）売上利益戻入勘定（収益の勘定）に振替える。
　（借）割　賦　売　上　利　益　×××　（貸）繰延（割賦）売上利益戻入　×××

2．試用販売

　取引先（顧客）にあらかじめ商品を送付し，送付先からの買取りの意思表示を受けて初めて売買契約が成立する販売形態のことである。商品を発送した時点では，正規の売上げとはならないため，手許にある商品と区別する必要がある。そこで，試用販売における商品発送時に，**試用販売売掛金勘定**と**試用販売仮売上勘定**の対照勘定を使った方法と，手許商品との区別のため仕入勘定から**試用品勘定**に振替える2つの方法がある。

　①当店は，取引先に「試しに使って，良ければ購入して欲しい」と商品を送付する。
　②取引先では，送付されてきた商品を試用してみて購入の意志表示をした場合には，売買が成立する。
　③取引先は，購入分の商品代金を支払い，購入する意志がない場合には返却を行う。

＜対照勘定法＞
　対照勘定を使う場合は，売上取引とみなした記帳であるため，売価で記録しなければならない。
　　（借）試用販売売掛金　　売　価　　（貸）試用販売仮売上　　売　価

＜試用品勘定を使う場合＞
　試用品勘定を使う場合は，手許商品と区別をする記帳であるため，原価で記録しなければならない。
　　（借）試　用　品　　原　価　　（貸）仕　　入　　原　価

＜購入の意思表示があった場合＞
　対照勘定を使って処理した場合には，売上を計上するとともに，商品発送時の反対仕訳を行う。試用品勘定を使って処理した場合には，売上を計上するとともに，試用品勘定を仕入勘定に振替える。

①対照勘定法
　　（借）売　掛　金　　　×××　　（貸）試　用　売　上　　　×××
　　（借）試用販売仮売上　×××　　（貸）試用販売売掛金　　×××
②試用品勘定を使った場合
　　（借）売　掛　金　　　×××　　（貸）試　用　売　上　　　×××
　　（借）仕　　　　入　　×××　　（貸）試　　用　　品　　×××

＜試用品が返却された場合＞
　試用品が返却された場合，対照勘定を使った場合でも，試用品勘定を使った場合でも，発送時と反対の処理をすればよい。
①対照勘定法
　　（借）試用販売仮売上　×××　　（貸）試用販売売掛金　　×××
②試用品勘定を使った場合
　　（借）仕　　　　入　　×××　　（貸）試　　用　　品　　×××

＜決算時＞
　決算時において，取引先から購入の意思表示がない，または商品が返却されていない場合には，対照勘定を使って処理した場合には，その原価を期末商品棚卸高に加え，試用品勘定を使って処理した場合には，手許商品に準じた処理を行う。
①対照勘定法
　　（借）繰　越　商　品　×××　　（貸）仕　　　　　入　　×××
②試用品勘定を使った場合
　　（借）仕　　　　入　　×××　　（貸）試　　用　　品　　×××
　　（借）試　　用　　品　×××　　（貸）仕　　　　　入　　×××

3．予約販売

　注文を受けた後にあらかじめ予約金（商品代金の一部または全額）を受取り，後から商品を引渡す販売形態のこと。
　①当店は商品販売の予約注文を受ける。
　②注文先より，予約金の一部（または全額）を受取る。一部の場合は，後日，商品発送後に残金を回収する。
　③注文品を販売先に発送する。

＜予約金受取り時＞
　予約金を受取った際には，まだ商品を引渡していないため売上を計上せず，**前受金（予約販売前受金）勘定（負債の勘定）**の貸方に記入をする。

　　　（借）現 金 な ど　　×××　　　（貸）前 受 金　　×××
　　　　　（予約金受取形態）

＜商品引渡し時＞
　商品を引渡した際には，前受金は商品代金にあてられるので，前受金勘定から売上勘定に振替える。

　　　（借）前 受 金　　×××　　　（貸）売　　　上　　×××

問題1 次の一連の取引に関して，仕訳を示しなさい。なお，①販売基準の場合，②対照勘定法の場合，③未実現利益控除法の場合それぞれについて解答しなさい。

(1) BRZ商店は，大湖商店に原価￥80,000の商品を￥100,000で販売し，代金は4回に分けて回収することにした。
(2) 大湖商店より上記（1）割賦販売の1回目の代金を現金で受取った。
(3) BRZ商店は，1回目の代金を回収した状態で決算を迎えた。
　　①販売基準の場合
　　②対照勘定法の場合
　　③未実現利益控除法の場合

問題2 次の取引に関して，仕訳を示しなさい。

商品￥120,000（原価￥96,000）を毎月均等額6回払いの約束で売渡し，同時に第1回目の割賦金￥20,000を小切手で受取った。なお，割賦販売収益は，販売基準によって計上する。

問題1

①販売基準の場合

	借 方 科 目	金 額	貸 方 科 目	金 額
(1)				
(2)				
(3)				

②対照勘定法の場合

	借 方 科 目	金 額	貸 方 科 目	金 額
(1)				
(2)				
(3)				

③未実現利益控除法の場合

	借 方 科 目	金 額	貸 方 科 目	金 額
(1)				
(2)				
(3)				

問題2

借 方 科 目	金 額	貸 方 科 目	金 額

問題3 次の取引に関して，販売基準により仕訳を示しなさい。

(1) 商品￥300,000（原価￥240,000）を毎月均等額12回払いの約束で売渡した。
(2) 第1回目の割賦金を小切手で受取った。

問題4 次の一連の取引に関して，仕訳を示しなさい。なお，①対照勘定法による場合，②試用品勘定を使った場合それぞれについて解答しなさい。

(1) AKI商店は試用販売のため，原価￥600,000（売価￥800,000）の商品を取引先に送付した。
(2) 上記（1）の商品のうち￥400,000（売価）を買取る旨，取引先より連絡があった。
(3) 上記（1）の商品のうち￥100,000（売価）が返品されてきた。
(4) AKI商店は決算を迎えた。なお，試用販売のために送付した上記（1）の商品のうち，（2）（3）を除く残額については買取意思が不明のままである（試用期間内）。
　　①対照勘定法の場合
　　②試用品勘定を使った場合

問題 3

借 方 科 目	金　　額	貸 方 科 目	金　　額

問題 4

①対照勘定法の場合

	借 方 科 目	金　　額	貸 方 科 目	金　　額
(1)				
(2)				
(3)				
(4)				

②試用品勘定を使った場合

	借 方 科 目	金　　額	貸 方 科 目	金　　額
(1)				
(2)				
(3)				
(4)				

または

問題5　次の取引に関して，対照勘定法で仕訳を示しなさい。

(1) 試用販売のために，商品￥70,000（原価￥50,000）を取引先に送付した。
(2) 上記（1）の商品を買取る旨，取引先より連絡があった。

問題6　次の一連の取引に関して，仕訳を示しなさい。

(1) シンピー書店は，美術全集（全5巻：1巻あたりの予約販売価額は￥20,000）の予約販売を企画し，顧客より10セットの予約注文を受け，予約金￥500,000を現金で受取った。
(2) 美術全集の第1巻〜第3巻が完成し，顧客に発送した。
(3) 美術全集の残りが完成し，顧客に発送した。
(4) 顧客より美術全集代金の残金について，当座振込があった。

問題7　次の取引に関して，仕訳を示しなさい。

(1) BRZ商店は，来月新譜のDVDを予約受付し予約金￥6,500を現金で受取った。
(2) BRZ商店は，DVDが入荷したので，これを予約客に送付した。

問題 5

	借 方 科 目	金　　額	貸 方 科 目	金　　額
(1)				
(2)				

問題 6

	借 方 科 目	金　　額	貸 方 科 目	金　　額
(1)				
(2)				
(3)				
(4)				

問題 7

	借 方 科 目	金　　額	貸 方 科 目	金　　額
(1)				
(2)				

第20章 本支店会計（1）

《ポイント整理》

1．本支店会計

　企業が支店を設置している場合，支店の業績評価など管理のために支店の会計処理を本店から独立させ，各支店ごとに取引記録の記帳から決算まで行うことがある。こうした制度を，支店独立会計制度という。本支店会計では，各支店の決算書類と本店のものを合併し，最後に，企業全体の貸借対照表と損益計算書を作成する。

2．本支店間の取引

　支店が独立した帳簿組織を有している場合，本店と支店の間で取引が行われると，本店と支店の間に債権・債務が生じる。そこで本店では支店勘定を，支店では本店勘定を設け，本支店間の債権・債務を明らかにする。本店の支店勘定と支店の本店勘定は交互に反対記入され，常に一致していなければならない。この制度を，独自平均性という。

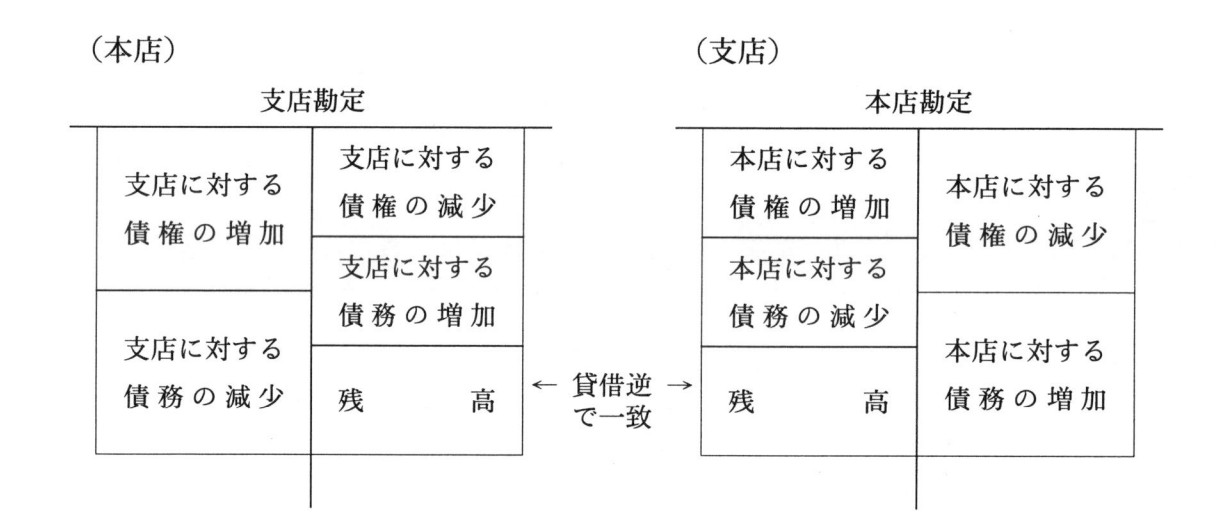

（本店）　　　　　　　　　　　　　　　　　　（支店）

支店勘定		本店勘定	
支店に対する債権の増加	支店に対する債権の減少	本店に対する債権の増加	本店に対する債権の減少
	支店に対する債務の増加	本店に対する債務の減少	
支店に対する債務の減少	残　　高	残　　高	本店に対する債務の増加

　　　　　　　　　　　　　　　← 貸借逆で一致 →

　支店が独立した帳簿組織を有するためには，支店に属する資産および負債を本店帳簿から支店に分離する。

（本　店）
（借）	支　店	890,000	（貸）	現　金	100,000
	買掛金	80,000		売掛金	120,000
				建　物	750,000

支店では，本店より移管された資産・負債を支店帳簿に受入れる

（支　店）
（借）現　　金	100,000	（貸）買　掛　金	80,000
売　掛　金	120,000	本　　店	890,000
建　　物	750,000		

3．内部利益の加算

　本店支店の明確な業績管理を行うため，原価に利益を加えた価格で本支店間での商品の受渡しを行うことがある。実際の仕入価格に一定の掛け率をかけた値段を引渡し価格とする。このような手続きによって計上される利益を内部利益という。この本支店間の商品の受渡しは，外部との取引と区分するため，本店に支店売上勘定・支店仕入勘定を，支店には本店売上勘定・本店仕入勘定を設ける。

（本　店）
（借）売　掛　金	×××	（貸）支　店　売　上	×××
支　店　仕　入	×××	買　掛　金	×××

（支　店）
（借）売　掛　金	×××	（貸）本　店　売　上	×××
本　店　仕　入	×××	買　掛　金	×××

4．未達取引

　決算時において，本店の支店勘定残高と支店の本店勘定残高が一致していない場合にはその原因を調査する。記帳が間違っていたときには，その誤りを訂正する。しかし，誤りが無くても，直前の取引などが本店・支店のどちらかに到着しなかったために未記帳になっていることがある。このような取引を，未達取引という。未達取引を調整して，本店の支店勘定残高と支店の本店勘定残高を一致させる。

①本店より発送された商品が支店に未達
（支　店）
（借）未　達　商　品	×××	（貸）本　　店	×××

②支店より送金された現金が本店に未達
（本　店）
（借）未　達　現　金	×××	（貸）支　　店	×××

問題1 次の取引に関して，本店および支店仕訳を示し，本店勘定および支店勘定を完成させなさい。

井上商店は支店を増設するに際して，下記の資産・負債を支店に引き継いだ。

現　金　¥120,000　　売掛金　¥250,000　　商　品　¥350,000
備　品　¥750,000　　建　物　¥1,200,000　　買掛金　¥350,000

問題1

<本店>

借 方 科 目	金 額	貸 方 科 目	金 額

<支店>

借 方 科 目	金 額	貸 方 科 目	金 額

<本店>

支店勘定

<支店>

本店勘定

問題2　次の取引に関して，本店および支店の仕訳を示しなさい。

（1）　本店は原価￥180,000の商品に5％の内部利益を加算し支店へ発送し，支店はこれを受取った。

（2）　支店は原価￥200,000の商品に5％の内部利益を加算し本店に発送し，本店はこれを受取った。

問題2

<本店>

	借 方 科 目	金　　額	貸 方 科 目	金　　額
(1)				
(2)				

<支店>

	借 方 科 目	金　　額	貸 方 科 目	金　　額
(1)				
(2)				

問題3　本店・支店各勘定の残高が不一致のため原因を調べたところ，以下の未達事項が発見された。必要な仕訳を行い，本店勘定および支店勘定の残高を正しい残高に一致させなさい。

(1) 支店は本店に対し現金￥360,000を送金したが，本店には未達であった。
(2) 本店は支店に対し商品￥225,000を発送したが，支店には未達であった。
(3) 本店は支店に対し新しいレジ￥210,000を発送したが，支店には未達であった。
(4) 支店は本店の買掛金￥540,000を掛川商店に支払ったが，本店には未達であった。

問題3

<本店>　　　　　　　　　　　　　　　<支店>
　　　支店勘定　　　　　　　　　　　　　　本店勘定

　　　1,900,000　　　　　　　　　　　　　　　　　565,000

<本店>

	借方科目	金　額	貸方科目	金　額
(1)				
(2)				
(3)				
(4)				

<支店>

	借方科目	金　額	貸方科目	金　額
(1)				
(2)				
(3)				
(4)				

第21章 本支店会計（2）

―《ポイント整理》――――――――――――――――――――――――――――

1．未実現利益の削除

　本支店間において商品の取引に際して，本店支店の真の損益を計算するために原価へ一定の利益を加算することがある。この場合，本店支店からそれぞれ仕入れた商品が手許に残っていると，その商品に内部利益が含まれているために実際の仕入価格以上に評価され，資産の過大評価を生じ，未実現利益が計上されることになる。この未実現の利益を内部利益という。外部に公表するための本店支店を合併した財務諸表を作成するさいには，この内部利益を除去する。

　①当期の内部利益を控除
　　　（借）繰延内部利益控除　　　×××　　　（貸）繰 延 内 部 利 益　　　×××

　②前期に控除した内部利益の戻入れ
　　　（借）繰 延 内 部 利 益　　　×××　　　（貸）繰延内部利益戻入　　　×××

　繰延内部利益勘定と繰延内部利益戻入勘定は，本店の損益勘定に振替えられる。本支店合併損益計算書では，繰延内部利益戻入は期首商品棚卸高，繰延内部利益控除は期末商品棚卸高から控除する。本支店合併貸借対照表において，繰延内部利益を商品の残高から控除する。内部利益の控除のための手続きは，企業全体の純損益計上のための手続きであり，本店が行う決算整理事項となる。したがって，支店ではまったく必要のない手続きとなる。

2．合併貸借対照表および合併損益計算書の作成

　本店は決算に際し，企業全体の財政状態および経営成績を明らかにするために本支店合併貸借対照表と本支店合併損益計算書を作成する。決算の手続きは以下のとおりである。
　　① 本店支店ともに決算日の合計残高試算表を作成する。
　　② 支店は決算書類（試算表および棚卸表）を本店に送る。棚卸表において，在庫の商品が本店から仕入れたものか外部から仕入れた商品であるかが明記されていなければならない。これにより，内部利益控除の手続きが可能となる。
　　③ 支店は未達事項について本店に連絡する。このため支店は，決算日より前の日付のもので，決算日以降に到着した取引をすべて本店に報告する。
　　④ 本店では支店の未達事項と本店の未達事項により未達修正を行い，本店勘定・支店勘定が一致しているかを確認する。

⑤　内部利益が加算されている場合，期首および期末の在庫商品に係わる内部利益を整理する。
⑥　以上の手続きを終了し，本店と支店の同じ勘定科目の金額を合計して合併貸借対照表および合併損益計算書を作成する。

問題1 支店の内部利益を控除する仕訳を示しなさい。

支店の商品に，本店から仕入れたものが以下のとおり含まれている。なお，本店は支店に対し，10％の内部利益を加算して発送している。

　　（1）　期首商品棚卸高　　　　¥880,000

　　（2）　期末商品棚卸高　　　　¥858,000

問題2 以下の資料にもとづいて，本店支店合併後の純損益を計算するために本店が行う仕訳と本店の損益勘定を示しなさい。

［資料］

①本店の損益勘定

	損	益	
仕　入	600,000	売　上	960,000
営業費	120,000	支店売上	352,000

②支店の当期純利益　　　　　　¥120,000

③支店の期首末商品棚卸高のうちの本店仕入れ分
　　期首商品棚卸高　¥39,600　　期末商品棚卸高　¥52,800

④本店は支店に対し，10％の内部利益を加算している。
　　（1）　期首商品棚卸高に含まれる内部利益を戻入れる。
　　（2）　期末商品棚卸高に含まれる内部利益を控除する。
　　（3）　支店の当期純利益を本店の損益勘定へ振替える。
　　（4）　棚卸商品の内部利益を整理した勘定を損益勘定へ振替える。

問題1

	借方科目	金額	貸方科目	金額
(1)				
(2)				

問題2

	借方科目	金額	貸方科目	金額
(1)				
(2)				
(3)				
(4)				

損　　益

仕　　　　入	600,000	売　　　　上	960,000
営　業　費	120,000	支　店　売　上	352,000
繰延内部利益控除	( )	支　　　　店	( )
繰越利益剰余金	( )	繰延内部利益戻入	( )

問題3 高橋商店（株）の第4期（平成23年4月1日〜平成24年3月31日）の資料にもとづいて，以下の各問題に答えなさい。

(1) 本店の損益勘定を作成しなさい。
(2) 高橋商店（株）の第4期における本支店合併貸借対照表と損益計算書を完成させなさい。

[資料1] 平成24年3月31日現在の残高試算表

残高試算表

借　　方	本　店	支　店	貸　　方	本　店	支　店
現　　　　金	168,000	60,000	買　掛　金	301,800	320,000
当　座　預　金	300,000	80,000	未　払　金	144,000	
売　　掛　　金	480,000	240,000	借　入　金	2,400,000	
支　　　　店	770,000		貸倒引当金	6,000	2,400
繰　越　商　品	228,000	146,400	建物減価償却累計額	240,000	120,000
土　　　　地	1,600,000	260,000	備品減価償却累計額	48,000	48,000
建　　　　物	1,200,000	600,000	繰延内部利益	14,400	
備　　　　品	120,000	96,000	本　　　　店		789,600
仕　　　　入	2,952,000	1,440,000	資　本　金	1,000,000	
本　店　仕　入		1,721,000	利益準備金	120,000	
販　　売　　費	348,000	537,600	繰延利益剰余金	178,800	
広　告　宣　伝　費	48,000	35,000	売　　　　上	2,040,000	3,960,000
一　般　管　理　費	36,000	24,000	支　店　売　上	1,735,400	
支　払　利　息	50,400		受　取　家　賃	72,000	
	8,300,400	5,240,000		8,300,400	5,240,000

注1．本店は支店に対して，商品を外部仕入原価に2割の内部利益を加算して販売している。支店の期首商品棚卸高には，本店から仕入れた商品¥86,400が含まれている。
注2．未達取引の整理は，決算日の日付で本店または支店の帳簿に記入する。
注3．繰越商品に含まれる内部利益は，本店の帳簿で，繰延内部利益勘定を用いて次期に繰越す。

[資料2] 未達事項
1．本店は支店に商品¥14,400（振替価格）を発送したが，支店に未達だった。
2．支店は本店に現金¥10,000を送金したが，本店に未達だった。
3．本店は支店の売掛金¥48,000を現金で回収したが，支店に未通知だった。
4．支店は本店の広告宣伝費¥10,000を小切手を振出して支払ったが，本店に未通知だった。
5．支店は本店の受取家賃¥6,000を現金で受取ったが，本店に未通知だった。

[資料3] 決算整理事項
1．期末商品棚卸高　本店¥264,000　支店¥129,600（本店からの仕入分¥57,600未達分を含まない）。
2．本支店ともに期末売掛金残高に対して3％の貸倒引当金を差額補充法により計上する。
3．建物の減価償却費　本店¥60,000　支店¥30,000
4．備品の減価償却費　本店¥24,000　支店¥24,000

問題3

(1)

損　　益

仕　　　　　入	(　　　)	売　　　　　上	(　　　)
販　売　費	(　　　)	支　店　売　上	(　　　)
貸倒引当金繰入	(　　　)	受　取　家　賃	(　　　)
広　　告　　費	(　　　)	支　　　　　店	(　　　)
一　般　管　理　費	(　　　)	内　部　利　益　戻　入	(　　　)
減　価　償　却　費	(　　　)		
支　払　利　息	(　　　)		
内　部　利　益　控　除	(　　　)		
繰　越　利　益　剰　余　金	(　　　)		
	(　　　)		(　　　)

(2)

本支店合併貸借対照表
平成24年3月31日現在

資　　産	金　　額	負債・純資産	金　　額
現　　　　　金	(　　　)	買　　掛　　金	(　　　)
当　座　預　金	(　　　)	未　　払　　金	(　　　)
売　　掛　　金	(　　　)	借　　入　　金	(　　　)
繰　越　商　品	(　　　)	貸　倒　引　当　金	(　　　)
土　　　　　地	(　　　)	建物減価償却累計額	(　　　)
建　　　　　物	(　　　)	備品減価償却累計額	(　　　)
備　　　　　品	(　　　)	資　　本　　金	(　　　)
		利　益　準　備　金	(　　　)
		繰越利益剰余金	(　　　)
	(　　　)		(　　　)

本支店合併損益計算書
平成23年4月1日～平成24年3月31日

費　　用	金　　額	収　　益	金　　額
期首商品棚卸高	(　　　)	売　　上　　高	(　　　)
当期商品仕入高	(　　　)	期末商品棚卸高	(　　　)
販　売　費	(　　　)	受　取　家　賃	(　　　)
貸倒引当金繰入	(　　　)		
広　　告　　費	(　　　)		
一　般　管　理　費	(　　　)		
減　価　償　却　費	(　　　)		
支　払　利　息	(　　　)		
繰　越　剰　余　金	(　　　)		
	(　　　)		(　　　)

総合問題 ②

I 以下の取引に関して，仕訳を示しなさい。

1. ADM株式会社は設立にあたって発行可能株式総数10,000株のうち3,000株を1株あたり¥10,000で発行し，全株式の払込みを受け，払込金額は当座預金とした。なお，払込金のうち会社法が規定する最低額を資本金とする。また，株式発行費用は¥50,000で，現金で支払った。

2. ①RO株式会社は，取締役会において増資が決定され，新たに1,500株を1株あたり¥30,000で募集した。申込期日までに全株式が申込まれ，払込金額の全額を申込証拠金として受入れ，別段預金とした。

    ②払込期日となり，上記①の申込証拠金をもって払込金に充当し，資本金に振替え，同時に別段預金を当座預金に預替えた。なお，払込金は全額資本金として処理する。また，株式発行費用は¥8,000で，小切手を振出して支払った。

3. ①MMM株式会社は当期（平成×2年1月1日〜平成×2年12月31日）決算の結果，¥5,000,000の当期純利益を計上した。

    ②平成×3年3月15日，MMM社の株主総会において，繰越利益剰余金を財源とした剰余金の処分が決定した。配当直前の株主資本の金額および剰余金の処分額は以下のとおりである。

配当直前の株主資本の金額		剰余金の処分決定額	
資 本 金	¥20,000,000	配 当 金	¥2,000,000
資本準備金	¥3,000,000	新築積立金	¥1,000,000
利益準備金	¥1,500,000	別途積立金	¥1,000,000
		利益準備金	会社法規定額

    ③平成×3年3月20日，MMM株式会社は上記②で決定した配当金を当座預金口座から支払った。

4．RO株式会社はGPH株式会社を吸収合併するため，新たに8,000株を1株あたり¥5,000で発行し，GPH株式会社の株主に交付した。なお，増加する株主資本は会社法が規定する最低額を資本金とした。GPH株式会社から受入れた資産および負債は以下のとおりである（すべて時価）。

| 現　　金 | ¥4,000,000 | 売 掛 金 | ¥9,000,000 | 建　　物 | ¥35,000,000 |
| 買 掛 金 | ¥3,500,000 | 社　　債 | ¥7,500,000 | | |

5．①平成×4年1月1日，SSR株式会社は額面総額¥2,000,000の社債（年利率4％，償還期間5年，利払日は6月末日と12月末日の年2回）を額面¥100につき¥95で発行し，全額の払込みを受け，ただちに当座預金に預入れた。なお，社債発行費用は¥10,000で，小切手を振出して支払った。

②平成×9年12月31日，上記①の社債が満期となったため，最終回の利息を含めて全額償還した。なお，償還にともなう支払いは全額小切手を振出して支払った。また，同日は決算日のため，毎期末に行われている社債の評価替えを償却原価法（定額法）によって行った。

	借 方 科 目	金　　額	貸 方 科 目	金　　額
1.				
2.①				
②				
3.①				
②				
③				
4.				
5.①				
②				

Ⅱ　次の取引に関して，仕訳を示しなさい

1. A出版株式会社は，予約を受けていた百科事典（1セット¥50,000）が完成したため，予約者へ，残金が振込まれ次第，発送する旨の通知をしていた。本日，160セット分の当座預金口座への振込みが確認できたため，これを予約者に対して送付した。なお，予約にあたっては，1セットにつき¥20,000で予約を受付け，200セットの申込みがあり，すでに予約金全額を受取っている。

2．B商店は試用品（仕入原価¥80,000，売価¥110,000）を送付してあったC商店から買取る旨の通知を受けた。なお，試用販売取引は試用販売契約，試用販売という対照勘定により処理している。

3．商品¥180,000（仕入原価¥120,000）を毎月末均等額の5回払いの約束で売渡し，同時に第1回目の割賦金¥36,000を小切手で受取った。なお，割賦販売収益は回収基準によって計上し，割賦販売取引は割賦販売契約，割賦販売という対照勘定により処理している。

4．上記3の取引において，割賦販売収益を販売基準により計上した場合の仕訳を示しなさい。

5．D商店は送付してあった試用品300個（原価@¥2,500，売価@¥3,000）について，E商店より100個買取る旨の通知を受けた。なお，試用品の売上原価は，販売のつど試用品勘定より仕入勘定に振戻している。

	借方科目	金　　額	貸方科目	金　　額
1.				
2.				
3.				
4.				
5.				

Ⅲ　次の取引について，支店分散計算制度と本店集中計算制度にもとづき，本支店それぞれの仕訳を示しなさい。

①大野支店は，小切手¥10,000を振出し松本支店に送付した。松本支店はこれを受取り，本店はこの取引について通知を受けた。

②相葉支店は，櫻井支店に原価¥200,000の商品を，原価に10％の利益を付加した価格で送付した。櫻井支店はこれを受取り，本店はこの取引について通知を受けた。

③相葉支店は，櫻井支店の売掛金の一部¥150,000を現金で回収し，本店はこの取引について通知を受けた。

支店分散計算制度

		借方科目	金 額	貸方科目	金 額
①	本　　　店				
	大 野 支 店				
	松 本 支 店				
②	本　　　店				
	相 葉 支 店				
	櫻 井 支 店				
③	本　　　店				
	相 葉 支 店				
	櫻 井 支 店				

本店集中計算制度

		借方科目	金 額	貸方科目	金 額
①	本　　　店				
	大 野 支 店				
	松 本 支 店				
②	本　　　店				
	相 葉 支 店				
	櫻 井 支 店				
③	本　　　店				
	相 葉 支 店				
	櫻 井 支 店				

MEMO

MEMO

MEMO

MEMO

〔編著者紹介〕

村田直樹（むらた・なおき）
- 1953年　東京都に生まれる
- 1983年　日本大学大学院経済学研究科博士後期課程満期退学
- 1987年　ロンドン大学歴史研究所研究員
- 1995年　長崎県立大学教授
- 2003年　博士（経済学）（九州大学）
  淑徳大学教授を経て，現在，日本大学教授

主　著　『近代イギリス会計史研究－運河・鉄道会計史－』（単著）晃洋書房
　　　　『鉄道会計発達史論』（単著）日本経済評論社
　　　　『企業簿記の基礎』（編著）晃洋書房
　　　　『管理会計の道標－原価管理会計から現代管理会計へ－』（編著）税務経理協会
　　　　『品質原価計算論－その生成と展開－』（共著）多賀出版
　　　　『会計の諸機能』（編著）創成社

〔著者紹介〕

工藤久嗣（くどう・ひさつぐ）
淑徳大学教授

竹田範義（たけだ・のりよし）
長崎県立大学教授

春日部光紀（かすかべ・みつのり）
北海道大学大学院准教授

浦田隆広（うらた・たかひろ）
久留米大学教授

澤登千恵（さわのぼり・ちえ）
大阪産業大学教授

相川奈美（あいかわ・なみ）
名城大学准教授

沼　惠一（ぬま・けいいち）
税理士

（検印省略）

2004年4月15日	初版発行
2005年4月15日	改訂版発行
2006年4月15日	三訂版発行
2013年4月15日	四訂版発行
2017年4月15日	四訂版五刷発行

略称－簿記基礎（四）

簿記の基礎問題集［四訂版］

編著者　村田直樹
発行者　塚田尚寛

発行所　東京都文京区春日2-13-1　株式会社　創成社

電　話　03（3868）3867　　FAX 03（5802）6802
出版部　03（3868）3857　　FAX 03（5802）6801
http://www.books-sosei.com　　振替　00150-9-191261

定価はカバーに表示してあります。

©2004, 2013 Naoki Murata　　組版：サンライズ　印刷：S・Dプリント
ISBN 978-4-7944-1459-5 C3034　　製本：宮製本所
Printed in Japan　　落丁・乱丁本はお取り替えいたします。

―――― 簿記・会計学選書 ――――

簿記の基礎問題集	村田 直樹	編著	1,700円
複式簿記の理論と計算	村田直樹・竹中 徹／森口毅彦	編著	3,600円
複式簿記の理論と計算問題集	村田直樹・竹中 徹／森口毅彦	編著	2,200円
新しい企業会計の内容と形式	村田 直樹	著	1,500円
企業会計の歴史的諸相 ―近代会計の萌芽から現代会計へ―	村田 直樹／春日部 光紀	編著	2,300円
厳選 簿記3級問題集＜徹底分析＞	くまたか 優	著	1,200円
企業簿記ワークブック	森 久・﨑 章浩／長吉眞一	著	1,200円
要説企業簿記	森 久・﨑 章浩／長吉眞一	著	2,600円
日商簿記2級・3級の「仕訳の切り方」――商業簿記編――	小池 和彰	著	2,000円
アカウンティング・トピックス	小池 和彰	著	1,800円
入門商業簿記	片山 覚	監修	2,400円
中級商業簿記	片山 覚	監修	2,200円
入門簿記	倉茂・市村・臼田／布川・狩野	著	2,200円
監査入門ゼミナール	長吉 眞一／異島 須賀子	著	2,200円
簿記入門ゼミナール	山下 寿文	編著	1,800円
会計入門セミナー	山下 寿文	編著	2,900円
管理会計入門ゼミナール	髙梠 真一	編著	2,000円
アメリカ管理会計生成史 ―投資利益率に基づく経営管理の展開―	髙梠 真一	著	3,500円
監査報告書の読み方	蟹江 章	著	2,000円
明解簿記講義	塩原 一郎	編著	2,400円
明解会計学講義	塩原 一郎	編著	1,900円
入門アカウンティング	鎌田 信夫	編著	3,200円
簿記システム基礎論	倍 和博	著	2,900円

（本体価格）

―――― 創成社 ――――

簿記の基礎問題集 解答編

第1章 複式簿記の基礎

問題1

| (1) | 〇 | (2) | × | (3) | × | (4) | 〇 | (5) | 〇 |

問題2

例	現金の（増加）→ 現金勘定の（借方）	借入金の（増加）→ 借入金勘定の（貸方）
(1)	現金の（増加）→ 現金勘定の（借方）	資本金の（増加）→ 資本金勘定の（貸方）
(2)	仕入の（発生）→ 仕入勘定の（借方）	買掛金の（増加）→ 買掛金勘定の（貸方）
(3)	備品の（増加）→ 備品勘定の（借方）	現金の（減少）→ 現金勘定の（貸方）
(4)	現金の（増加）→ 現金勘定の（借方）	受取利息の（発生）→ 受取利息勘定の（貸方）
(5)	給料の（発生）→ 給料勘定の（借方）	現金の（減少）→ 現金勘定の（貸方）

問題3

現　金
(1)	100,000	(3)	350,000
(2)	800,000	(4)	280,000
(5)	350,000	(6)	90,000
		(7)	19,000
		(8)	260,000
		(9)	809,000

備　品
| (3) | 350,000 | | |

買　掛　金
| | | (8) | 500,000 |

借　入　金
| (9) | 800,000 | (2) | 800,000 |

資　本　金
| | | (1) | 100,000 |

売　上
| | | (5) | 350,000 |

仕　入
| (4) | 280,000 | | |
| (8) | 760,000 | | |

給　料
| (6) | 90,000 | | |

水道光熱費
| (7) | 4,000 | | |

通　信　費
| (7) | 15,000 | | |

支　払　利　息
| (9) | 9,000 | | |

問題4

	期首資本	期末資産	期末負債	期末資本	収　益	費　用	当期純損益
1	<u>28,000</u>	48,000	<u>11,000</u>	37,000	15,000	6,000	<u>9,000</u>
2	<u>9,600</u>	17,000	4,000	<u>13,000</u>	12,000	8,600	3,400
3	36,000	53,000	<u>19,000</u>	34,000	21,000	<u>23,000</u>	−2,000
4	73,000	<u>155,000</u>	65,000	<u>90,000</u>	49,000	<u>32,000</u>	17,000

第2章　簿記一巡の手続

問題1

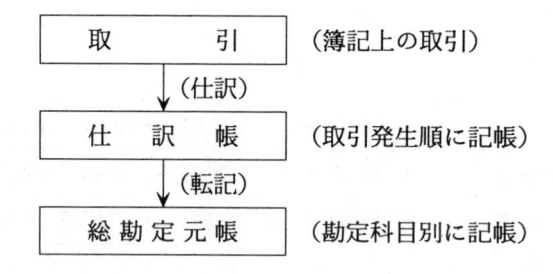

```
┌─────────────┐
│   取　引    │ （簿記上の取引）
└─────────────┘
      ↓ （仕訳）
┌─────────────┐
│  仕 訳 帳   │ （取引発生順に記帳）
└─────────────┘
      ↓ （転記）
┌─────────────┐
│ 総勘定元帳  │ （勘定科目別に記帳）
└─────────────┘
```

〔解説〕
　期中手続は，企業活動に伴って日常的に行われる業務である。ポイント整理を参照して，期中手続の過程を十分に理解する。

問題2

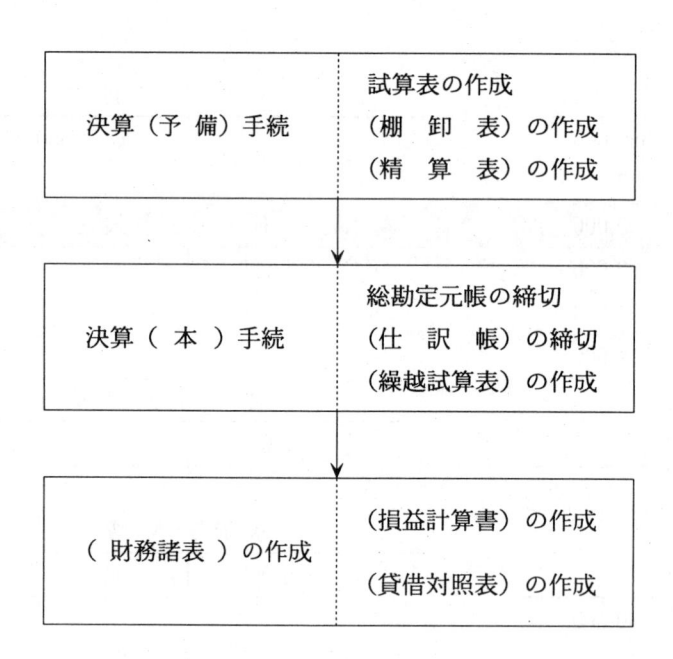

決算（予備）手続	試算表の作成 （棚　卸　表）の作成 （精　算　表）の作成
決算（本）手続	総勘定元帳の締切 （仕　訳　帳）の締切 （繰越試算表）の作成
（財務諸表）の作成	（損益計算書）の作成 （貸借対照表）の作成

〔解説〕
　決算手続によって財務諸表を作成することで，企業活動の成果を正しく把握することが可能となる。ポイント整理を参照して，決算手続の過程を十分に理解する。

問題3

現　　金			
(1) 10,000	(2) 2,000		
	(5) 500		

売　掛　金	
(4) 3,200	

備　　品	
(2) 2,000	

買　掛　金	
	(3) 2,500

資　本　金	
	(1) 10,000

売　　上	
	(4) 3,200

仕　　入	
(3) 2,500	

支　払　家　賃	
(5) 500	

〔解説〕

仕訳の借方（貸方）金額は，当該勘定口座の借方（貸方）に記入する。

問題4

合計残高試算表

借方残高	借方合計	勘定科目	貸方合計	貸方残高
7,500	10,000	現　　金	2,500	
3,200	3,200	売　掛　金		
2,000	2,000	備　　品		
		買　掛　金	2,500	2,500
		資　本　金	10,000	10,000
		売　　上	3,200	3,200
2,500	2,500	仕　　入		
500	500	支　払　家　賃		
15,700	18,200		18,200	15,700

問題5

精　算　表

勘定科目	試算表 借方	試算表 貸方	損益計算書 借方	損益計算書 貸方	貸借対照表 借方	貸借対照表 貸方
現　　金	7,500				7,500	
売　掛　金	3,200				3,200	
備　　品	2,000				2,000	
買　掛　金		2,500				2,500
資　本　金		10,000				10,000
売　　上		3,200		3,200		
仕　　入	2,500		2,500			
支　払　家　賃	500		500			
当期純利益			200			200
	15,700	15,700	3,200	3,200	12,700	12,700

問題6

損 益 計 算 書

費 用	金 額	収 益	金 額
仕　　　　入	2,500	売　　　　上	3,200
支 払 家 賃	500		
当 期 純 利 益	200		
	3,200		3,200

貸 借 対 照 表

資 産	金 額	負債・資本	金 額
現　　　　金	7,500	買　掛　金	2,500
売　掛　金	3,200	資　本　金	10,000
備　　　　品	2,000	当期純利益	200
	12,700		12,700

〔解説〕

　精算表の損益計算書欄・貸借対照表欄をもとにして作成する。

第3章　現金預金

問題1

	借 方 科 目	金 額	貸 方 科 目	金 額
(1)	現　　　　金	10,000	売　掛　金	10,000
(2)	現　　　　金	20,000	売　掛　金	20,000
(3)	現　　　　金	30,000	受取手数料	30,000
(4)	現　　　　金	4,000	受取配当金	4,000
(5)	現　　　　金	5,000	有価証券利息	5,000
(6)	給　　　　料	60,000	現　　　　金	60,000

〔解説〕

　(2)(3)(4)(5)他人振出の小切手，送金小切手，配当金領収書，期限到来済の利札等は，簿記上の現金となる。

現 金 出 納 帳

平成〇年		摘　　　　要	収　入	支　払	残　高
6	1	前月繰越	100,000		100,000
	2	島田商店から売掛金回収	10,000		110,000
	14	松本商店から売掛金回収	20,000		130,000
	20	矢部商店より手数料受取	30,000		160,000
	25	配当金領収書受領	4,000		164,000
	27	期限到来済の利札記入もれ	5,000		169,000
	29	6月分給料支払		60,000	109,000
	30	**次月繰越**		109,000	
			169,000	169,000	
7	1	前月繰越	109,000		109,000

〔解説〕
現金出納帳の記入
①取引の日付を記入する。
②摘要欄に取引の簡単な説明を記入する。
③収入欄には収入金額（現金の増加）を，支払欄には支払金額（現金の減少）を記入する。
④残高欄には，その取引後の現金残高（収入欄合計額－支払欄合計額）を記入する。
⑤締切を行う際の次月繰越記入は，日付欄・摘要欄・金額欄すべて赤字で記入する。
⑥二重線による締切は，日付欄と収入欄・支払欄・残高欄について行う。

問題2

	借方科目	金　額	貸方科目	金　額
(1)	現金過不足	700	現　　金	700
(2)	交　通　費 雑　　損	600 100	現金過不足	700
(3)	現　　金	500	現金過不足	500
(4)	現金過不足 支　払　利　息	500 400	受取手数料 雑　　益	300 600

〔解説〕
(1) 現金不足の場合は現金の減少とし，その原因が不明なので現金過不足勘定の借方に記入する。
(2) その原因がわかったときは，現金過不足勘定の残高が借方であるので，貸方に記入し，原因が判明した勘定（ここでは交通費）の借方に記入する。決算までに原因がわからなかった金額は，雑損勘定に振替える。
(3) 現金過剰の場合は現金の増加とし，その原因が不明なので現金過不足勘定の貸方に記入する。
(4) その原因がわかったときは，現金過不足勘定の残高が貸方であるので，借方に記入する。同時に原因が判明した勘定に（受取手数料勘定の貸方および支払利息勘定の借方に）記入する。決算までに原因がわからなかった金額は，雑益勘定に振替える。

問題3

	借方科目	金　額	貸方科目	金　額
(1)	当　座　預　金	100,000	現　　金	100,000
(2)	買　掛　金	90,000	当　座　預　金	90,000
(3)	買　掛　金	60,000	当　座　預　金 当　座　借　越	10,000 50,000
(4)	当　座　借　越 当　座　預　金	50,000 30,000	売　掛　金	80,000

〔解説〕
(2) 小切手の振出は，当座預金の減少となる。
(3) 当座預金残高は¥10,000しかないため，¥50,000は当座借越勘定で処理する。
(4) 入金時に当座借越額が存在するときは，まず当座借越額を返済してから残りを当座預金勘定の借方に記入する。

問題 4

	借方科目	金 額	貸方科目	金 額
(1)	当　　座	100,000	現　　金	100,000
(2)	買　掛　金	90,000	当　　座	90,000
(3)	買　掛　金	60,000	当　　座	60,000
(4)	当　　座	80,000	売　掛　金	80,000

〔解説〕

（1）（2）（3）（4）当座勘定を用いて仕訳する場合には，当座預金の増加・減少，当座借越の増加・減少を考えずに，当座預金への入金は当座勘定の借方に，当座預金からの支出は当座勘定の貸方に記入すればよい。

当 座 預 金 出 納 帳

平成○年		摘　　　要	預　入	引　出	借または貸	残　高
7	1	現金預入	100,000		借	100,000
	5	浜田商店に買掛金支払		90,000	借	10,000
	19	内村商店に買掛金支払		60,000	貸	50,000
	28	岡村商店の売掛金回収	80,000		借	30,000
	31	次月繰越		30,000		
			180,000	180,000		
8	1	前月繰越	30,000		借	30,000

〔解説〕

当座預金出納帳の記入

①取引の日付を記入する。

②摘要欄に取引の簡単な説明を記入する。

③預入欄には預入金額を，引出欄には引出金額を記入する。

④借または貸には，その取引後の当座預金残高が借方にあるか貸方にあるかを記入。貸方残高の場合には当座借越額を意味する。

⑤残高欄には，その取引後の当座預金残高（預入欄合計額－引出欄合計額）を記入する。

⑥締切を行う際の次月繰越記入は，日付欄・摘要欄・金額欄すべて赤字で記入する。

⑦二重線による締切は，日付欄・預入欄・引出欄・残高欄について行う。

問題 5

小 口 現 金 出 納 帳

受　入	平成○年		摘　要	支　払	交通費	通信費	消耗品費	雑　費
20,000	7	1	前週繰越					
		〃	バス回数券	1,000	1,000			
		2	電話代	2,000		2,000		
		3	文具代	3,000			3,000	
		4	新聞代	4,000				4,000
			合計	10,000	1,000	2,000	3,000	4,000
10,000		5	本日補給					
		〃	次週繰越	20,000				
30,000				30,000				
20,000	7	8	前週繰越					

〔解説〕
小口現金出納帳
　①取引のあった日付を記入する。
　②受入欄に受入れた（補給）金額を記入する。
　③摘要欄に支払内容を記入する。
　④支払欄に支払われた金額を記入する。
　⑤内訳欄に支払内容によって分類された金額を記入する。
　⑥残高欄には，その取引後の小口現金残高（受入欄金額（補給金額）－ 支払欄合計額）を記入する。
　⑦残高欄に残高を記入する。
　⑧週末の日付を記入する。
　⑨週末に支払われた金額を補給する。
　⑩次週繰越記入は，日付欄・摘要欄・金額欄すべて赤字で記入。なお，金額欄は補給した後の金額を記入する。
　⑪二重線による締切は，日付欄・受入欄・支払欄・内訳欄・残高欄について行う。

問題6

	借方科目	金額	貸方科目	金額
7/5	交通費	1,000	小口現金	10,000
	通信費	2,000		
	消耗品費	3,000		
	雑費	4,000		
	小口現金	10,000	当座預金	10,000

7/5 は以下の仕訳でもよい。
　　（借）交通費　　1,000　　（貸）当座預金　　10,000
　　　　　通信費　　2,000
　　　　　消耗品費　3,000
　　　　　雑費　　　4,000

第4章　商品売買

問題1

	借方科目	金額	貸方科目	金額
(1)	仕入	200,000	当座預金	200,000
(2)	仕入	103,000	買掛金	100,000
			現金	3,000
(3)	現金	8,000	仕入	8,000

〔解説〕
　(2)　商品仕入時に支払う引取運賃などの付随費用は，仕入勘定に含めて処理する。
　(3)　仕入値引，仕入戻し等，販売以外の商品の減少は，仕入勘定の貸方に記入する。

問題2

	借方科目	金額	貸方科目	金額
(1)	売 掛 金	250,000	売 上	250,000
(2)	売 掛 金	500,000	売 上	500,000
	発 送 費	5,000	現 金	5,000
(3)	売 掛 金	505,000	売 上	500,000
			現 金	5,000
(4)	売 上	100,000	売 掛 金	100,000

〔解説〕
(3) 先方負担の発送費の支払は，先方に対する債権の増加になるため，次の仕訳でもよい。

(借) 売 掛 金　500,000　　（貸) 売　　　上　500,000
　　 立 替 金　　5,000　　　　 現　　　金　　5,000

問題3

仕 入 帳

日付		摘　要	内　訳	金　額
7	2	大久保商店　　　　　　　掛		
		ワープロ　5台　＠¥50,000		250,000
	5	船越商店　　　　　　　　掛		
		ワープロ　2台　＠¥55,000	110,000	
		パソコン　5台　＠¥100,000	500,000	610,000
	7	**船越商店　　　　　　　値引き**		
		ワープロ　2台　＠¥5,000		**10,000**
	9	三浦商店　　　　　　掛・小切手		
		パソコン　2台　＠¥120,000		240,000
	31	総 仕 入 高		1,100,000
		仕 入 値 引 高		**10,000**
		純 仕 入 高		1,090,000

〔解説〕
(1) 取引の日付を記入する。
(2) 摘要欄に仕入取引の詳細（仕入先名，品名，数量，単価，代金支払条件）を記入する。
(3) 金額欄に仕入金額を記入する。なお，2種類以上の商品を同時に仕入れた場合には，その内訳をいったん内訳欄に記入した後に，その合計を金額欄に記入する。
(4) 仕入値引・返品の記入は，日付欄，摘要欄，金額欄，すべて朱書きする。
(5) 締切を行う場合には，まず，総仕入高（朱書部分を除く金額欄の合計）を求め，次いで，仕入値引・返品高（朱書部分の金額合計）を求め，差引いて純仕入高を表示する。

問題4

売 上 帳

日付		摘　　　　要	内　訳	金　額
7	10	永井商店　　　　　小切手		
		紳士服　5着　@¥10,000		50,000
	12	平山商店　　　　　現　金		
		婦人服　2着　@¥15,000	30,000	
		紳士服　5着　@¥20,000	100,000	130,000
	15	都築商店　　　　　掛		
		婦人服　4着　@¥25,000		100,000
	18	**都築商店　　　　　掛返品**		
		婦人服　2着　@¥25,000		**50,000**
	31	総売上高		280,000
		売上戻り高		**50,000**
		純売上高		230,000

〔解説〕
(1) 取引の日付を記入する。
(2) 摘要欄に売上取引の詳細（売上先名，品名，数量，単価，代金支払条件）を記入する。
(3) 金額欄に売上金額を記入する。なお，2種類以上の商品を同時に販売した場合には，その内訳をいったん内訳欄に記入した後に，その合計を金額欄に記入する。
(4) 売上値引・返品の記入は，日付欄，摘要欄，金額欄，すべて朱書きする。
(5) 締切を行う場合には，まず，総売上高（朱書部分を除く金額欄の合計）を求め，次いで，売上値引・返品高（朱書部分の金額合計）を求め，差引いて純売上高を表示する。

問題5

商 品 有 高 帳

先入先出法　　　　　　　　　　　　　　　（商品F）

平成○年		摘　要	受　入			払　出			残　高		
			数量	単価	金額	数量	単価	金額	数量	単価	金額
7	1	前月繰越	6	5,000	30,000				6	5,000	30,000
	21	仕　入	40	5,000	200,000				46	5,000	230,000
	23	売　上				16	5,000	80,000	30	5,000	150,000
	27	仕　入	20	5,200	104,000				｛30	5,000	150,000
									20	5,200	104,000
	30	売　上				｛30	5,000	150,000			
						6	5,200	31,200	14	5,200	72,800
	31	**次月繰越**				14	**5,200**	72,800			
			66		334,000	66		334,000			
8	1	前月繰越	14	5,200	72,800				14	5,200	72,800

〔解説〕
(1) 取引の日付を記入する。
(2) 摘要欄には「仕入」または「売上」と記入する。

— 9 —

(3) 仕入（商品の増加）の場合は受入高欄に，売上（商品の減少）の場合は払出高欄に，それぞれその数量・単価・金額を原価で記入する。資料に売価が示されている場合でも，売価は記入しない。
(4) 残高欄には，取引後の残高の数量・単価・金額を記入する。
(5) 先入先出法の記帳方法
①新たに仕入れた商品の単価と残高欄の商品の単価が同じ場合には，金額と数量をそれぞれ合計して残高欄に記入する。単価はそのままとする。
②新たに仕入れた商品の単価と残高欄の商品の単価が異なる場合には，残高欄にそれぞれの数量と単価を記入し，"｛"（カッコ）で括る。
③払出が行われたときに，残高欄に異なる単価の商品がある場合には，仕入の日付を確認して，先に仕入れたものから順に払出されたものとして記帳する。

問題6

商 品 有 高 帳

移動平均法　　　　　　　　　　　　　　（商品F）

平成〇年		摘　要	受　入			払　出			残　高		
			数量	単価	金額	数量	単価	金額	数量	単価	金額
7	1	前 月 繰 越	6	5,000	30,000				6	5,000	30,000
	21	仕　　　　入	40	5,000	200,000				46	5,000	230,000
	23	売　　　　上				16	5,000	80,000	30	5,000	150,000
	27	仕　　　　入	20	5,200	104,000				50	5,080	254,000
	30	売　　　　上				36	5,080	182,880	14	5,080	71,120
	31	**次 月 繰 越**				14	**5,080**	71,120			
			66		334,000	66		334,000			
8	1	前 月 繰 越	14	5,080	71,120				14	5,080	71,120

〔解説〕

移動平均法の記帳方法
①新たに仕入れた商品の単価と残高欄の商品の単価が同じ場合には，金額と数量をそれぞれ合計して残高欄に記入する。単価はそのままとする。
②新たに仕入れた商品の単価と残高欄の商品の単価が異なる場合には，金額と数量をそれぞれ合計して残高欄に記入し，新単価（平均単価）を計算して単価欄に記入する。

$$\text{平均単価} = \frac{\text{残高欄の金額 + 受入金額}}{\text{残高欄の数量 + 受入数量}} \qquad \text{21日の平均単価} = \frac{30,000 + 200,000}{6 + 40}$$

③払出が行われたときには，残高欄に記入してある単価によって払出の記帳を行う。

第5章　債権債務

問題1

	借方科目	金額	貸方科目	金額
(1)	売　掛　金	730,000	売　　　上	730,000
(2)	受 取 手 形	240,000	売　掛　金	240,000
(3)	仕　　　入	310,000	買　掛　金	310,000
(4)	買　掛　金	214,000	現　　　金	214,000

問題2

	借方科目	金額	貸方科目	金額
(1)	現　　　金 未　収　金	500,000 2,000,000	土　　　地	2,500,000
(2)	当 座 預 金	2,000,000	未　収　金	2,000,000
(3)	建　　　物	300,000	現　　　金 未　払　金	120,000 180,000
(4)	未　払　金	68,000	当 座 預 金	68,000

〔解説〕
　商品以外（建物・備品・車両・有価証券など）の売買金額を，後日回収または支払う場合に生じる債権・債務は未収金勘定または未払金勘定で処理を行う。商品の場合には，売掛金・買掛金という科目を使用するので混同しないように注意する。

問題3

	計算過程	金額
(1)	¥115,000 × 4％ × $\frac{146日}{365日}$ ＝¥1,840	1,840
(2)	¥450,000 × 3％ × $\frac{3ヶ月}{12ヶ月}$ ＝¥3,375	3,375

〔解説〕
　利息計算は，以下の算式で行う。

　借入（貸付）金額 × 年利率 × $\frac{借入日数（または借入月数）}{365日（または12ヶ月）}$ ＝利息金額

問題4

	借方科目	金額	貸方科目	金額
(1)	借　入　金 支 払 利 息	270,000 1,500	現　　　金	271,500
(2)	当 座 預 金 支 払 利 息	137,760 2,240	借　入　金	140,000
(3)	当 座 預 金 現　　　金	380,000 20,000	貸　付　金 受 取 利 息	380,000 20,000
(4)	貸　付　金	210,000	現　　　金 受 取 利 息	206,500 3,500

〔解説〕

利息の計算は以下のように行う。

(2) 借入金額¥140,000×年利率8％×$\frac{73日}{365日}$ = ¥2,240

(4) 貸付金額¥210,000×年利率5％×$\frac{4ケ月}{12ケ月}$ = ¥3,500

問題5

		借方科目	金額	貸方科目	金額
(1)	A	前払金	160,000	現金	160,000
	B	現金	160,000	前受金	160,000
(2)	A	仕入	460,000	前払金	160,000
				買掛金	300,000
	B	前受金	160,000	売上	460,000
		売掛金	300,000		

〔解説〕

前払金勘定は、「前渡金」勘定を使用してもかまわない。なお、手付金を処理する科目として、「支払手付金勘定（資産、前払金と同じ）」と「受取手付金勘定（負債、前受金と同じ）」があるが、これらを厳密に区別する必要はない。

問題6

	借方科目	金額	貸方科目	金額
(1)	仮払金	55,000	現金	55,000
(2)	当座預金	380,000	仮受金	380,000
(3)	旅費	30,000	仮払金	55,000
	通信費	5,000		
	現金	20,000		
(4)	仮受金	380,000	売掛金	380,000

第6章　有価証券

問題1

	借方科目	金額	貸方科目	金額
(1)	売買目的有価証券	600,000	当座預金	600,000
(2)	現金	6,000	受取配当金	6,000
(3)	現金	275,000	売買目的有価証券	300,000
	有価証券売却損	25,000		
(4)	有価証券評価損	50,000	売買目的有価証券	50,000

〔解説〕

(1) 取得原価　10株×@¥60,000＝¥600,000

(3) 有価証券売却損　(@¥55,000－@¥60,000)×5株＝△¥25,000

(4) 有価証券評価損　(@¥50,000－@¥60,000)×5株＝△¥50,000

問題2

	借方科目	金　額	貸方科目	金　額
(1)	売買目的有価証券	97,000	当　座　預　金	97,000
(2)	当　座　預　金	5,000	有価証券利息	5,000
(3)	当　座　預　金	49,000	売買目的有価証券 有価証券売却益	48,500 500
(4)	売買目的有価証券	1,000	有価証券評価益	1,000

〔解説〕

(1) 取得原価　￥100,000×￥97／￥100＝￥97,000

(2) 有価証券利息　￥100,000（額面金額）×10%／2＝￥5,000

(3) 有価証券売却益　￥50,000×￥98／￥100－￥50,000×￥97／￥100＝￥500

(4) 有価証券評価益　￥50,000×￥99／￥100－￥50,000×￥97／￥100＝￥1,000

問題3

	借方科目	金　額	貸方科目	金　額
(1)	売買目的有価証券	1,000,000	未　払　金	1,000,000
(2)	現　　　　金	100,000	受取配当金	100,000
(3)	当　座　預　金 有価証券売却損	400,000 100,000	売買目的有価証券	500,000
(4)	有価証券評価損	150,000	売買目的有価証券	150,000

〔解説〕

(1) 有価証券を購入したときに支払う買入手数料は取得原価に含める。
取得原価　10株×＠￥90,000＋￥100,000＝￥1,000,000

(3) 有価証券売却損　（＠￥80,000－＠￥100,000）×5株＝△￥100,000

(4) 有価証券評価損　（＠￥70,000－＠￥100,000）×5株＝△￥150,000

第7章　手　形

問題1

＜吉野商店＞

	借方科目	金　額	貸方科目	金　額
(1)	仕　　　　入	250,000	支払手形	250,000
(2)	支払手形	250,000	当　座　預　金	250,000

＜川原商店＞

	借方科目	金　額	貸方科目	金　額
(1)	受取手形	250,000	売　　　　上	250,000
(2)	当　座　預　金	250,000	受取手形	250,000

〔解説〕

約束手形の問題であるが，受取手形勘定・支払手形勘定で処理する。

問題2

<柏木商店>

	借方科目	金　額	貸方科目	金　額
(1)	売　掛　金	500,000	売　　　上	500,000
(2)	仕　　　入	400,000	売　掛　金	400,000
(3)	仕訳なし			

<大坊商店>

	借方科目	金　額	貸方科目	金　額
(1)	仕　　　入	500,000	買　掛　金	500,000
(2)	買　掛　金	400,000	支　払　手　形	400,000
(3)	支　払　手　形	400,000	当　座　預　金	400,000

<一木商店>

	借方科目	金　額	貸方科目	金　額
(1)	仕訳なし			
(2)	受　取　手　形	400,000	売　　　上	400,000
(3)	当　座　預　金	400,000	受　取　手　形	400,000

〔解説〕

　為替手形の問題であるが，受取手形勘定・支払手形勘定で処理する。為替手形振出時の仕訳（2）で，柏木商店と大坊商店は，債権債務を相殺しているため，振出人である柏木商店には手形債務が生じないことに注意する。

問題3

借方科目	金　額	貸方科目	金　額
当　座　預　金	597,000	受　取　手　形	600,000
手　形　売　却　損	3,000		

〔解説〕

　割引は，すでに所有している手形を譲渡するのであるから，受取手形の減少とする。割引料は，手形売却損勘定で処理する。

問題4

<山崎商店>

借方科目	金　額	貸方科目	金　額
仕　　　入	800,000	受　取　手　形	450,000
		買　掛　金	350,000

<本田商店>

借方科目	金　額	貸方科目	金　額
受　取　手　形	450,000	売　　　上	800,000
売　掛　金	350,000		

〔解説〕

　山崎商店は，すでに所有している手形を譲渡するのであるから，受取手形の減少とする。

問題5

	借方科目	金額	貸方科目	金額
4/27	仕　　入	300,000	支払手形	300,000
5/20	買　掛　金	460,000	支払手形	460,000
6/30	支払手形	300,000	当座預金	300,000

支払手形記入帳

平成○年	手形種類	手形番号	摘要	受取人	振出人	振出日 月 日	満期日 月 日	支払場所	手形金額	顛末 月 日	摘要
4/27	約手	6	仕入	菅村商店	当店	4　27	6　30	南北銀行	300,000	6　30	支払
5/20	為手	3	買掛金	今里商店	藤田商店	5　20	7　31	東西銀行	460,000		

〔解説〕
　手形種類欄は，約束手形 → 約手，為替手形 → 為手とする。顛末欄は，手形債務が消滅した時点で，その理由を記入する。

問題6

＜吉瀬商店＞

借方科目	金額	貸方科目	金額
手形貸付金	700,000	当座預金	696,000
		受取利息	4,000

＜山盛商店＞

借方科目	金額	貸方科目	金額
現　　金	696,000	手形借入金	700,000
支払利息	4,000		

〔解説〕
　金銭の貸借を目的として手形を振出しているので，手形貸付金勘定・手形借入金勘定で処理する。

第8章　固定資産

問題1

	借方科目	金額	貸方科目	金額
(1)	備　　品	305,000	現　　金	305,000
(2)	土　　地	1,100,000	当座預金	1,100,000
(3)	備　　品	500,000	未　払　金	500,000
(4)	建　　物	700,000	当座預金	500,000
	修　繕　費	300,000	未　払　金	500,000
(5)	修　繕　費	70,000	現　　金	70,000

〔解説〕
　固定資産の購入時に購入代価のほかに据付費・手数料などの付随費用を支払った場合，購入代価と付随費用の合計額を取得原価として固定資産勘定に記入する。
　補修において，固定資産の価値を高めたり耐用年数を延ばす場合，その部分の支出は固定資産勘定に記入し，単に現状を回復する支出は修繕費（費用）勘定で処理する。

問題2

		借方科目	金額	貸方科目	金額
(1)		車両運搬具	800,000	当座預金	800,000
(2)	①	減価償却費	120,000	車両運搬具	120,000
	②	減価償却費	120,000	減価償却累計額	120,000

〔解説〕
(2) 借方側は①直接法②間接法とも減価償却費（費用）勘定に記入するが，貸方側は①直接法で記帳する場合，固定資産の勘定に記入し，②間接法で記帳する場合，減価償却累計額勘定に記入する。
したがって，固定資産の勘定には，①の直接法ではその時点での帳簿価額が表示され，②の間接法では取得原価のままである。

問題3

	借方科目	金額	貸方科目	金額
(1)	現　　　金	60,000	土　　　地	50,000
			固定資産売却益	10,000
(2)	当座預金	500,000	建　　　物	750,000
	固定資産売却損	250,000		
(3)	減価償却累計額	500,000	車両運搬具	700,000
	未　収　金	250,000	固定資産売却益	50,000

〔解説〕
(1) 固定資産を売却した場合は，当該固定資産勘定からその売却分の帳簿価額を控除するように貸方記入する。その際に帳簿価額と売却価額に差額が発生したら固定資産売却損益を計上する。ここでは帳簿価額（¥100/㎡）＜売却価額（¥120/㎡）と売却益が発生するので，固定資産売却益勘定で処理する。なお，固定資産売却益は固定資産の名称を付した「土地売却益」でもよい。
(2) 減価償却を直接法で記帳している場合の固定資産の売却である。この場合，固定資産勘定残高には帳簿価額が示されているので，これと売却価額を比較する。固定資産売却損は「建物売却損」でもよい。
(3) 減価償却を間接法で記帳している場合の固定資産の売却である。この場合，固定資産勘定残高は取得原価のままであるので，取得原価を貸方に記入し，これに対応する減価償却累計額を借方に記入することで当該固定資産の帳簿価額を算出する。これと売却価額とを比較する。固定資産売却益は「車両運搬具売却益」でもよい。

第9章　資本金

問題1

	借方科目	金額	貸方科目	金額
(1)	現　　　金	1,500,000	資　本　金	1,500,000
(2)	現　　　金	800,000	資　本　金	800,000
(3)	資　本　金	50,000	現　　　金	50,000

〔解説〕
(2) 開業時の資本金の増加と同様に処理する。
(3) 費用として処理するのではなく，資本金の減少として処理する。

問題 2

	借方科目	金　額	貸方科目	金　額
(1)	引　出　金	70,000	仕　　　入	70,000
(2)	引　出　金 火災保険料	15,000 25,000	当 座 預 金	40,000
(3)	引　出　金	50,000	現　　　金	50,000

〔解説〕
(2) 同じ保険料でも，店舗の火災保険料￥25,000は，企業が負担すべき金額であるため，火災保険料として処理する。しかし，生命保険料￥15,000は，家計が負担すべき金額であるため，引出金として処理する。

問題 3

	借方科目	金　額	貸方科目	金　額
(1)	資　本　金	500,000	引　出　金	500,000
(2)	資　本　金	700,000	引　出　金	700,000

〔解説〕
引出金勘定の残高は，決算時に資本金勘定に振替える。

第10章　経過勘定

問題 1

		借方科目	金　額	貸方科目	金　額
(1)	①	未収手数料	6,000	受取手数料	6,000
	②	支 払 家 賃	4,000	未 払 家 賃	4,000
	③	受 取 利 息	4,500	前 受 利 息	4,500
	④	前払保険料	7,000	保 険 料	7,000
(2)	①	保 険 料	8,000	前払保険料	8,000
	②	受 取 利 息	9,000	未 収 利 息	9,000

問題 2

	借方科目	金　額	貸方科目	金　額
7/1	保 険 料	36,000	現　　　金	36,000
12/31	前払保険料	18,000	保 険 料	18,000
12/31	損　　　益	18,000	保 険 料	18,000
1/1	保 険 料	18,000	前払保険料	18,000

保　険　料

7/1 現　金	36,000	12/31 前払保険料	18,000
		12/31 損　益	18,000
	36,000		36,000
1/1 前払保険料	18,000		

前払保険料

12/31 保険料	18,000	12/31 **次期繰越**	18,000
1/1 前期繰越	18,000	1/1 保険料	18,000

— 17 —

問題3

	借方科目	金　額	貸方科目	金　額
9/1	現　　金	120,000	受取家賃	120,000
12/31	受取家賃	40,000	前受家賃	40,000
12/31	受取家賃	80,000	損　　益	80,000
1/1	前受家賃	40,000	受取家賃	40,000

```
          受　取　家　賃                              前　受　家　賃
12/31 前払家賃 40,000 │ 8/1 現　　金 120,000    12/31 次期繰越 40,000 │ 12/31 受取家賃 40,000
12/31 損    益 80,000 │                         1/1 受取家賃 40,000 │ 1/1 前期繰越 40,000
            120,000 │         120,000
                     │ 1/1 前受家賃 40,000
```

問題4

	借方科目	金　額	貸方科目	金　額
10/5	広告料	50,000	現　金	50,000
12/31	広告料	10,000	未払広告料	10,000
12/31	損　益	60,000	広告料	60,000
1/1	未払広告料	10,000	広告料	10,000
1/31	広告料	50,000	当座預金	50,000

```
           広　告　料                              未　払　広　告　料
10/5 現    金 50,000 │ 12/31 損    益 60,000    12/31 次期繰越 10,000 │ 12/31 広告料 10,000
12/31 未払広告料 10,000 │                         1/1 広告料 10,000 │ 1/1 前期繰越 10,000
            60,000 │          60,000
1/31 当座預金 50,000 │ 1/1 未払広告料 10,000
```

問題5

	借方科目	金　額	貸方科目	金　額
11/20	現　金	36,000	受取手数料	36,000
12/31	未収手数料	10,000	受取手数料	10,000
12/31	受取手数料	46,000	損　益	46,000
1/1	受取手数料	10,000	未収手数料	10,000
1/20	現　金	20,000	受取手数料	20,000

```
           受　取　手　数　料                          未　収　手　数　料
12/31 損    益 46,000 │ 11/20 現    金 36,000    12/31 受取手数料 10,000 │ 12/31 次期繰越 10,000
                     │ 12/31 未収手数料 10,000    1/1 前期繰越 10,000 │ 1/1 受取手数料 10,000
            46,000 │          46,000
1/1 未収手数料 10,000 │ 1/20 現    金 20,000
```

第11章 税金

問題1
- ○ ……… 固定資産税，印紙税，事業税
- × ……… 都道府県民税，所得税，市町村民税

問題2

	借方科目	金額	貸方科目	金額
(1)	引　出　金	120,000	現　　　金	120,000
(2)	租　税　公　課	35,000	現　　　金	35,000
(3)	引　出　金 租　税　公　課	40,000 50,000	現　　　金	90,000
(4)	引　出　金	80,000	現　　　金	80,000
(5)	通　信　費 租　税　公　課	8,000 20,000	現　　　金	28,000

第12章 伝票会計

問題1

仕　訳　帳

平成○年		摘　要	元丁	借方	貸方
4	1	前頁から		1,200,000	1,200,000
	4	（現　　金）		780,000	
		（売　　上）			780,000
	5	（現　　金）		60,000	
		（受取手数料）			60,000

問題2

(1)

振　替　伝　票

借方科目	金額	貸方科目	金額
売　掛　金	500,000	売　　上	500,000

(2)

振　替　伝　票

借方科目	金額	貸方科目	金額
売　掛　金	930,000	売　　上	930,000

〔解説〕
　一部現金取引の伝票記入
(1) 現金売上¥430,000の取引をそのまま入金伝票に記入していることから「取引を分解する方法」によって伝票に記入を行っていることがわかる。したがって、掛売上¥500,000の取引を振替伝票に記入する。
(2) 現金売上¥430,000の取引があるのに、入金伝票の記入は売掛金の回収になっていることから、「いったん全部振替取引とする方法」によって伝票に記入を行っていることがわかる。したがって、売上取引¥930,000全体を掛取引として振替伝票に記入する。

①取引を分解する方法
　　（借）現　　　金　430,000　　（貸）売　　　上　930,000
　　　　 売　掛　金　500,000
　　　　　　　　　　↓
「売上取引を、現金売上¥430,000と掛売上¥500,000に分解する」
　　　　　　　　　　↓
　　（借）現　　　金　430,000　　（貸）売　　　上　430,000　→　借方が現金勘定なので「入金伝票」へ

　　（借）売　掛　金　500,000　　（貸）売　　　上　500,000　→　現金取引ではないので「振替伝票」へ
・仕入取引の場合は、借方・貸方科目が逆になり、貸方科目が現金勘定となるので、「出金伝票」へ、現金取引でないものを「振替伝票」へ転記すればよい。

②取引を全部振替取引と仮定する方法
　　（借）現　　　金　430,000　　（貸）売　　　上　930,000
　　　　 売　掛　金　500,000
　　　　　　　　　　↓
「売上取引を、いったん掛売上¥930,000と仮定し、その後に売掛金のうち¥430,000を現金で回収したものとする」
　　　　　　　　　　↓
　　（借）売　掛　金　930,000　　（貸）売　　　上　930,000　→　現金取引ではないので「振替伝票」へ
　　（借）現　　　金　430,000　　（貸）売　掛　金　430,000　→　借方が現金勘定なので「入金伝票」へ
・仕入取引の場合は、借方・貸方科目が逆になり、貸方科目が現金勘定となるので、「出金伝票」へ、現金取引でないものを「振替伝票」へ転記すればよい。

問題3

仕　訳			
借方科目	金　額	貸方科目	金　額
現　　　金	140,000	売　　　上	400,000
売　掛　金	260,000		

〔解説〕
　伝票記入から取引全体の推定
　　入金伝票の仕訳　→（借）現　　　金　140,000　　（貸）売　　　上　140,000
　　振替伝票の仕訳　→（借）売　掛　金　260,000　　（貸）売　　　上　260,000
となるので、貸方の金額は、貸方の売上を合算した金額を記入すればよい。

第13章 決算

問題1

精算表

勘定科目	試算表 借方	試算表 貸方	修正記入 借方	修正記入 貸方	損益計算書 借方	損益計算書 貸方	貸借対照表 借方	貸借対照表 貸方
現　　　　金	31,000						31,000	
当 座 預 金	28,000						28,000	
受 取 手 形	30,000						30,000	
売 掛 金	20,000						20,000	
有 価 証 券	15,000			3,000			12,000	
繰 越 商 品	24,000		20,000	24,000			20,000	
備　　　　品	40,000						40,000	
買 掛 金		30,000						30,000
貸 倒 引 当 金		500		500				1,000
減価償却累計額		10,800		7,200				18,000
資 本 金		120,000						120,000
売　　　　上		150,000				150,000		
受 取 利 息		3,600		3,600		7,200		
受 取 手 数 料		12,000	8,000			4,000		
仕　　　　入	104,900		24,000	20,000	108,900			
給　　　　料	20,000				20,000			
支 払 家 賃	8,000		4,000		12,000			
支 払 保 険 料	6,000			4,000	2,000			
	326,900	326,900						
貸倒（引当金繰入）			500		500			
有価証券（評価損）			3,000		3,000			
減 価 償 却 費			7,200		7,200			
（未収）利　息			3,600				3,600	
（前受）手数料				8,000				8,000
（未払）家　賃				4,000				4,000
（前払）保険料			4,000				4,000	
当期（純利益）					7,600			7,600
			74,300	74,300	161,200	161,200	188,600	188,600

〔解説〕
(1) 帳簿価額と評価額との差額を計上する。
　　　（借）有価証券評価損　3,000　　（貸）有　価　証　券　3,000
(2) 貸倒引当金の設定で，売掛金と受取手形の期末残高に対して2％の貸倒れを見積もり，その設定額は¥1,000（（¥20,000＋¥30,000）×0.02）となる。前期末に設定した貸倒引当金の残高が¥500あり，差額補充法で処理した場合の仕訳である。
　　　（借）貸倒引当金繰入　　500　　（貸）貸倒引当金　　500
(3) 繰越商品勘定の残高（期首商品棚卸高）を仕入勘定の借方に振替える。
　　　（借）仕　　　　　入　24,000　　（貸）繰　越　商　品　24,000
　次いで期末商品棚卸高を仕入勘定から繰越商品勘定に振替える。
　　　（借）繰　越　商　品　20,000　　（貸）仕　　　　　入　20,000
　この仕訳によって，仕入勘定は売上に対応する売上原価を計算することになる。
(4) 備品（耐用年数5年，残存価額は取得原価の10％）の減価償却費の計上である。減価償却費は定額法で計算し，間接法で記帳した場合の仕訳である。
　　　（借）減　価　償　却　費　7,200　　（貸）減価償却累計額　7,200
(5) 家賃の未払分を見越し計上する。支払家賃として未払分¥4,000を加算する仕訳である。
　　　（借）支　払　家　賃　4,000　　（貸）未　払　家　賃　4,000
(6) 保険料の前払分を次期に繰延べる。支払保険料¥6,000から前払分¥4,000を差引く仕訳となる。
　　　（借）前　払　保　険　料　4,000　　（貸）支　払　保　険　料　4,000
(7) 手数料の前受分を次期に繰延べる。受取手数料として前受分¥8,000を差引く仕訳である。
　　　（借）受　取　手　数　料　8,000　　（貸）前　受　手　数　料　8,000
(8) 利息の未収分を見越し計上する。受取利息として未収分¥3,600を加算する仕訳である。
　　　（借）未　収　利　息　3,600　　（貸）受　取　利　息　3,600

問題2

精算表

勘定科目	試算表 借方	試算表 貸方	修正記入 借方	修正記入 貸方	損益計算書 借方	損益計算書 貸方	貸借対照表 借方	貸借対照表 貸方
現　　　　金	4,200			(800)			3,400	
当 座 預 金	15,000						15,000	
受 取 手 形	22,000						22,000	
売 掛 金	18,000						18,000	
有 価 証 券	17,000			(1,400)			(15,600)	
繰 越 商 品	14,000		(14,500)	(14,000)			14,500	
消 耗 品	5,600			(4,400)			1,200	
備　　　　品	50,000						50,000	
支 払 手 形		19,000						19,000
買 掛 金		13,600						13,600
貸 倒 引 当 金		300		(500)				(800)
減価償却累計額		15,000		(5,000)				(20,000)
資 本 金		80,000						80,000
売　　　　上		92,000				92,000		
受 取 利 息		1,200		(400)		(1,600)		
受 取 手 数 料		5,600	(800)			(4,800)		
仕　　　　入	66,000		(14,000)	(14,500)	(65,500)			
給　　　　料	9,000				9,000			
支 払 家 賃	3,200		(1,600)		(4,800)			
支 払 保 険 料	1,800			(600)	(1,200)			
雑　　　　費	900				900			
	226,700	226,700						
雑　　　　損			(800)		(800)			
貸倒（引当金繰入）			(500)		500			
有価証券（評価損）			(1,400)		1,400			
（消 耗 品 費）			4,400		(4,400)			
減 価 償 却 費			(5,000)		5,000			
（前受）手数料				(800)				800
（未収）利　息			(400)				400	
（未払）家　賃				(1,600)				1,600
（前払）保険料			(600)				600	
当期（純利益）					(4,900)			(4,900)
			44,000	44,000	98,400	98,400	140,700	140,700

問題3

損益計算書
平成○年1月1日から平成○年12月31日まで

費用	金額	収益	金額
売上原価	(159,000)	売上高	(260,000)
給料	(56,100)	（受取）利息	(5,400)
貸倒引当金繰入	(200)		
消耗品費	(1,900)		
支払家賃	(12,000)		
交通費	(2,800)		
支払保険料	(900)		
減価償却費	(8,100)		
（有価証券評価損）	(1,000)		
雑損	(1,600)		
（当期純利益）	(21,800)		
	(265,400)		(265,400)

貸借対照表
平成○年12月31日

資産	金額	負債および資本	金額
現金	(23,400)	支払手形	(32,000)
当座預金	(63,000)	買掛金	(37,000)
売掛金 (30,000)		（未払）給料	(16,600)
（貸倒引当金）(900)	(29,100)	資本金	(120,000)
有価証券	(24,500)	（当期純利益）	(21,800)
（消耗品）	(500)		
商品	(12,000)		
（未収）利息	(1,400)		
（前払）保険料	(900)		
建物 (100,000)			
（建物減価償却累計額）(45,000)	(55,000)		
備品 (32,000)			
（備品減価償却累計額）(14,400)	(17,600)		
	(227,400)		(227,400)

〔解説〕

　残高試算表の金額は修正前の数値であり、既述の問題と同様に期末修正事項による決算修正仕訳を行うことによって、必要な勘定の数値を修正する。その修正後に費用と収益の各勘定金額は損益計算書に、資産・負債および資本の各勘定金額は貸借対照表にそれぞれ記載する。一部の科目については、表示の方法や名称が異なることに注意する。

〔勘定科目〕　〔損益計算書項目〕
売上　⇒　「売上高」
仕入　⇒　「売上原価」
繰越商品　⇒　「商品」

― 24 ―

```
    貸倒引当金 ⎫
    減価償却累計額 ⎭ ──→ 貸借対照表の借方側に売掛金などおよび備品などから
                       間接的に控除する形式で表示
    前　払×× ⎫
    未　収×× ⎭ ──→ 貸借対照表の借方側に表示
    未　払×× ⎫
    前　受×× ⎭ ──→ 貸借対照表の貸方側に表示
```

なお，⎧ 当期純利益 ──────→ 損益計算書では「赤字」
　　　⎩ （当期純損失）──────→ 貸借対照表では「黒字」

決算整理仕訳

(1) （借）雑　　　　　損　　1,600　（貸）現 金 過 不 足　　1,600
(2) （借）貸倒引当金繰入　　　200　（貸）貸 倒 引 当 金　　　200
(3) （借）有価証券評価損　　1,000　（貸）有 価 証 券　　1,000
(4) （借）減 価 償 却 費　　8,100　（貸）減価償却累計額　　8,100
(5) （借）仕　　　　　入　16,000　（貸）繰 越 商 品　16,000
　　　　　繰 越 商 品　12,000　　　　仕　　　　　入　12,000
(6) （借）消　耗　　品　　　500　（貸）消 耗 品 費　　　500
(7) （借）未 収 利 息　　1,400　（貸）受 取 利 息　　1,400
(8) （借）前 払 保 険 料　　　900　（貸）支 払 保 険 料　　　900
(9) （借）給　　　　　料　16,600　（貸）未 払 給 料　16,600

問題4

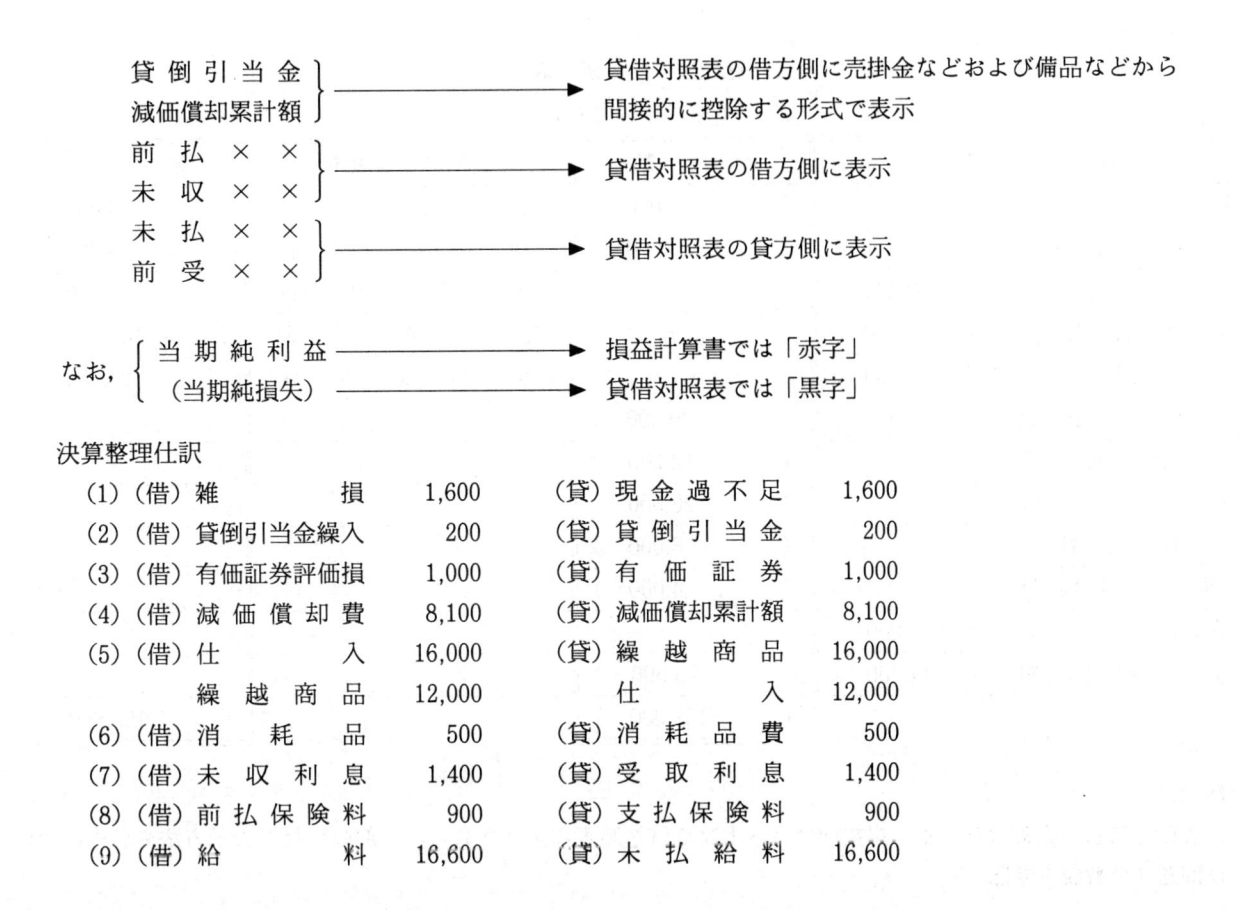

損　益　計　算　書

平成○年1月1日から平成○年12月31日まで

費　　用	金　　額	収　　益	金　　額
売 上 原 価	(108,900)	売　上　高	(150,000)
給　　　料	(20,000)	受 取 家 賃	(9,000)
支 払 保 険 料	(2,000)	受 取 手 数 料	(10,000)
支 払 利 息	(7,200)		
貸倒引当金繰入	(500)		
減 価 償 却 費	(3,600)		
(有価証券評価損)	(3,000)		
(当 期 純 利 益)	(23,800)		
	(169,000)		(169,000)

貸 借 対 照 表
平成○年12月31日

資　　　　産	金　　額	負債および資本	金　　額
現　　　　　金	(30,000)	買　掛　金	(30,000)
（当　座　預　金）	(10,000)	（前　受）家　賃	(3,000)
受　取　手　形　(20,000)		（未　払）利　息	(1,800)
（貸　倒　引　当　金）（ 400)	(19,600)	資　　本　　金	(100,000)
（売　　掛　　金）（ 30,000)		（当　期　純　利　益）	(23,800)
貸　倒　引　当　金　(600)	(29,400)		
有　価　証　券	(12,000)		
（商　　　　　品）	(20,000)		
（未　収）手　数　料	(8,000)		
（前　払）保　険　料	(4,000)		
備　　　品　(40,000)			
減価償却累計額　(14,400)	(25,600)		
	(158,600)		(158,600)

〔解説〕
　各勘定科目の金額はそのまま損益計算書および貸借対照表に記載される。一部の科目の表示方法や名称については問題3の解説を参照。

総合問題 ①

I

	借 方 の 要 素		貸 方 の 要 素	
例	資産（機　械）の増加	300,000	資産（現　　　金）の減少	300,000
1	資産（現　金）の増加	500,000	負債（借　入　金）の増加	500,000
2	資産（現　金）の増加	400,000	収益（売　　　上）の発生	400,000
3	費用（旅　費）の発生	300,000	資産（現　　　金）の減少	300,000
4	資産（現　金）の増加	800,000	資本（資　本　金）の増加	800,000
5	費用（仕　入）の発生	300,000	負債（買　掛　金）の増加	300,000
6	負債（買掛金）の減少	250,000	資産（当座預金）の減少	250,000

Ⅱ

	借方科目	金　額	貸方科目	金　額
1	現　　　　金	450,000	売　掛　金	450,000
2	車両運搬具	3,500,000	当座預金 未　払　金	500,000 3,000,000
3	買　掛　金	400,000	売　掛　金	400,000
4	有価証券	980,000	当座預金	980,000
5	仕　　　　入	303,000	当座預金 現　　　　金	300,000 3,000
6	現　　　　金 売　掛　金	150,000 100,000	売　　　　上	250,000

Ⅲ
(1) 銀行より現金￥80,000を借入れた。
(2) 給料￥180,000を現金で支払った。
(3) 商品￥450,000を仕入れ，代金は，約束手形を振出して支払った。
(4) 現金の実際有高が帳簿残高よりも￥1,800不足していた。
(5) 商品￥50,000を売上げ，代金は掛とした。
(6) 商品券￥100,000を発行し代金を現金で受取った。
(7) 店主が私用のため現金￥65,000を経理から受取った。
(8) 備品（帳簿価格￥500,000，減価償却累計額￥380,000）を￥80,000で売却し，代金を現金で受取った。
(9) 商品￥100,000を仕入れ，代金は小切手を振出して支払った。ただし，当座預金残高は￥20,000であるため，残りの￥80,000は当座借越となる。

Ⅳ

合　計　残　高　試　算　表
平成〇年12月31日

借方残高	借方合計	元丁	勘定科目	貸方合計	貸方残高
(410,000)	(1,300,000)	1	現　　　　金	(890,000)	
150,000	200,000	2	売　掛　金	(50,000)	
(140,000)	500,000	3	商　　　　品	360,000	
(600,000)	600,000	4	車　　　　両		
	250,000	5	買　掛　金	(500,000)	250,000
		6	資　本　金	(1,000,000)	(1,000,000)
		7	商品売買益	90,000	(90,000)
30,000	(30,000)	8	給　　　　料		
(2,500)	2,500	9	広　告　料		
7,500	(7,500)	10	支払手数料		
(1,340,000)	(2,890,000)			(2,890,000)	(1,340,000)

V

精算表

勘定科目	試算表 借方	試算表 貸方	修正記入 借方	修正記入 貸方	損益計算書 借方	損益計算書 貸方	貸借対照表 借方	貸借対照表 貸方
現　　　　　金	30,000						30,000	
受　取　手　形	180,000						180,000	
売　　掛　　金	220,000						220,000	
有　価　証　券	47,500		2,500				50,000	
繰　越　商　品	48,000		50,000	48,000			50,000	
備　　　　　品	120,000						120,000	
支　払　手　形		170,000						170,000
買　　掛　　金		150,000						150,000
貸　倒　引　当　金		3,600		4,400				8,000
備品減価償却累計額		40,500		13,500				54,000
資　　本　　金		250,000						250,000
売　　　　　上		600,000				600,000		
有　価　証　券　利　息		4,000		4,000		8,000		
仕　　　　　入	392,000		48,000	50,000	390,000			
給　　　　　料	90,000				90,000			
支　払　家　賃	82,500		7,500		90,000			
支　払　保　険　料	7,000			1,000	6,000			
雑　　　　　費	1,100				1,100			
	1,218,100	1,218,100						
貸 倒 引 当 金 繰 入			4,400		4,400			
有価証券（評価益）				2,500		2,500		
（減 価 償 却 費）			13,500		13,500			
（未収）有価証券利息			4,000				4,000	
（未　払）　家　賃				7,500				7,500
（前　払）　保　険　料			1,000				1,000	
					595,000	610,500	655,000	639,500
当期純（利益）					15,500			15,500
			130,900	130,900	610,500	610,500	655,000	655,000

〔解説〕

決算整理仕訳

(1) （借）貸倒引当金繰入　　4,400　　（貸）貸倒引当金　　4,400
(2) （借）有　価　証　券　　2,500　　（貸）有価証券評価益　　2,500
(3) （借）仕　　　　　入　　48,000　　（貸）繰　越　商　品　　48,000
　　　　　繰　越　商　品　　50,000　　　　　仕　　　　　入　　50,000
(4) （借）減　価　償　却　費　　13,500　　（貸）減価償却累計額　　13,500
(5) （借）未収有価証券利息　　4,000　　（貸）有価証券利息　　4,000
(6) （借）支　払　家　賃　　7,500　　（貸）未　払　家　賃　　7,500
(7) （借）前　払　保　険　料　　1,000　　（貸）支　払　保　険　料　　1,000

第14章 株式会社の会計（1）設立・増資・創立費・開業費・株式交付費

問題1

	借方科目	金額	貸方科目	金額
(1)	当座預金	15,000,000	資本金	15,000,000
(2)	当座預金	15,000,000	資本金	7,500,000
			株式払込剰余金	7,500,000

〔解説〕
(1) 2,000株÷4＝500株　＠¥30,000×500株＝¥15,000,000
(2) ¥30,000÷2＝¥15,000　¥15,000×500株＝¥7,500,000

問題2

	借方科目	金額	貸方科目	金額
(1)	別段預金	75,000,000	新株式申込証拠金	75,000,000
(2)	新株式申込証拠金	75,000,000	資本金	37,500,000
			株式払込剰余金	37,500,000
	当座預金	75,000,000	別段預金	75,000,000

問題3

	借方科目	金額	貸方科目	金額
(1)	当座預金	25,000,000	資本金	12,500,000
			株式払込剰余金	12,500,000
	株式交付費	120,000	現金	120,000
(2)	株式交付費償却	40,000	株式交付費	40,000

〔解説〕
(2) 株式交付費は3年間の定額法償却なので，¥120,000÷3＝¥40,000

第15章 株式会社の会計（2）剰余金・繰越利益剰余金・会社の合併

問題1

	借方科目	金額	貸方科目	金額
(1)	損益	2,000,000	繰越利益剰余金	2,000,000
(2)	繰越利益剰余金	1,660,000	利益準備金	100,000
			未払配当金	1,000,000
			配当平均積立金	200,000
			別途積立金	360,000
(3)	未払配当金	1,000,000	当座預金	1,000,000

〔解説〕
利益準備金の積立額は，配当金の10%である。

問題2

	借方科目	金額	貸方科目	金額
(1)	繰越利益剰余金	500,000	損益	500,000
(2)	別途積立金	300,000	繰越利益剰余金	300,000

問題3

合併仕訳

借方科目	金額	貸方科目	金額
現金預金	3,500,000	買掛金	3,800,000
売掛金	6,000,000	資本金	12,000,000
商品	4,000,000	合併差益	5,700,000
建物	8,000,000		

合併貸借対照表

貸借対照表

ブエナ工業(株)　　　平成××年××月××日　　　(単位:円)

現金預金	10,500,000	買掛金	8,000,000
売掛金	12,800,000	借入金	20,000,000
商品	9,500,000	資本金	52,000,000
建物	28,000,000	資本準備金	5,700,000
土地	30,000,000	利益準備金	3,600,000
		繰越利益剰余金	1,500,000
	90,800,000		90,800,000

〔解説〕

合併差益は，貸借対照表での表示は資本準備金となる。

第16章　株式会社の会計(3)社債

問題1

	借方科目	金額	貸方科目	金額
(1)	当座預金	39,200,000	社債	39,200,000
	社債発行費	400,000	現金	400,000
(2)	社債利息	800,000	当座預金	800,000
(3)	社債利息	100,000	社債	100,000
	社債発行費償却	50,000	社債発行費	50,000
	社債利息	400,000	未払社債利息	400,000
(4)	社債	40,000,000	当座預金	40,800,000
	社債利息	800,000		

〔解説〕
(2) ¥40,000,000×0.04×（6ヶ月／12ヶ月）＝¥800,000
(3) （¥40,000,000－¥39,200,000）×（1年／8年）＝¥100,000
¥400,000×（1年／8年）＝¥50,000
¥40,000,000×0.04×（3ヶ月／12ヶ月）＝¥400,000

問題2

	借方科目	金額	貸方科目	金額
(1)	当座預金 社債発行費	28,800,000 500,000	社　　　債 現　　　金	28,800,000 500,000
(2)	社債利息 社債発行費償却 社債利息	240,000 100,000 450,000	社　　　債 社債発行費 当座預金	240,000 100,000 450,000
(3)	社　　　債	19,680,000	当座預金 社債償還益	19,600,000 80,000

〔解説〕
(2) （¥30,000,000－¥28,800,000）×（1年／5年）＝¥240,000
¥500,000×（1年／5年）＝¥100,000
¥30,000,000×0.03×（6ヶ月／12ヶ月）＝¥450,000
(3) ｛¥28,800,000＋¥1,200,000×（3年／5年）｝×（¥20,000,000／¥30,000,000）＝¥19,680,000

第17章　未着品取引・荷為替

問題1

	借方科目	金額	貸方科目	金額
(1)	未着品	800,000	支払手形 買掛金	600,000 200,000
(2)	仕　　　入	310,000	未着品 現　　　金	300,000 10,000
(3)	受取手形 売掛金 仕　　　入	400,000 100,000 300,000	未着品売上 未着品	500,000 300,000

〔解説〕
(1) 遠隔地の仕入先から商品を仕入れる場合に，現品が到着する前に貨物代表証券（貨物引換証，船荷証券等）を受取る場合がある。この貨物代表証券を受取った場合，他の手許商品と区別するため**未着品（未着商品）勘定**で処理する。代金の支払い方法は，¥600,000については為替手形の引受けを行っているため，**支払手形勘定**で処理し，残額は掛としたため**買掛金勘定**で処理する。
(2) 商品が到着した場合には，他の手許商品と区別しておく必要はないので，**未着品勘定から仕入勘定に振替える**。なお，引取費用についても**仕入勘定**に含めて処理する。
(3) 商品到着前でも，貨物代表証券のまま販売することができる。その場合，売却額を**未着品売上勘定**の貸方に記入し，その原価を**未着品勘定から仕入勘定**の借方に振替える。

問題2

	借方科目	金 額	貸方科目	金 額
(1) 大湖商店				
	未 着 品	180,000	買 掛 金	180,000
(2) 大湖商店				
	売 掛 金	120,000	未着品売上	120,000
	仕 入	100,000	未 着 品	100,000
BRZ商店				
	未 着 品	120,000	買 掛 金	120,000
(3) 大湖商店				
	仕 入	86,500	未 着 品	80,000
			当 座 預 金	6,500
(4) BRZ商店				
	仕 入	129,500	未 着 品	120,000
			現 金	9,500

〔解説〕

(1) 遠隔地の仕入先から商品を仕入れる時，貨物代表証券を受取った場合，他の手許商品と区別するため**未着品（未着商品）**勘定で処理する。代金の支払い方法は，掛としたため**買掛金勘定**で処理する。

(2) 商品到着前でも，貨物代表証券のまま販売することができる。大湖商店は，売却額を**未着品売上**勘定の貸方に記入し，その原価を**未着品**勘定から**仕入**勘定の借方に振替える。購入したBRZ商店は，貨物代表証券を受取ったので，他の手許商品と区別するため**未着品（未着商品）**勘定で処理する。代金の支払い方法は，掛としたため**買掛金勘定**で処理する。

(3) 商品が到着した場合には，他の手許商品と区別しておく必要はないので，**未着品勘定**から**仕入勘定**に振替える。なお，引取費用についても**仕入勘定**に含めて処理し，引取運賃の支払いは小切手で行ったので，**当座預金勘定**で処理する。

(4) 商品が到着した場合には，他の手許商品と区別しておく必要はないので，**未着品勘定**から**仕入勘定**に振替える。なお，引取費用についても**仕入勘定**に含めて処理し，引取運賃の支払いは現金で行ったので，**現金勘定**で処理する。

問題3

	借方科目	金 額	貸方科目	金 額
(1)	当 座 預 金	310,000	売 上	400,000
	手 形 売 却 損	10,000		
	売 掛 金	80,000		
(2)	未 着 品	400,000	支 払 手 形	320,000
			買 掛 金	80,000
(3)	仕 入	400,000	未 着 品	400,000

〔解説〕

(1) 大湖商会（販売側）は，荷為替を取組んだ側となる。商品を発送した時に，売上勘定の貸方に売上金額を計上する。売上代金の一部について荷為替を取組んだことになるので，荷為替手形の額面から割引料を差引いた金額を当座預金とし，残額を売掛金として処理する。

(2) AKI商会（仕入側）は，荷為替を引受けた側となる。したがって，仕入代金として為替手形を引受け（手形債務）

— 32 —

となるので支払手形勘定の貸方に手形金額を記入し，残額は買掛金として処理する。ただし，船荷証券（貨物代表証券）は受取ったが，商品は到着していないので（入手したのは船荷証券）仕入勘定を使わず未着品とする。
(3) AKI商会（仕入側）は，船荷証券（貨物代表証券）と引換えに，商品を受取った時に，未着品勘定から仕入勘定へ振替える。

問題4

	借方科目	金額	貸方科目	金額
(1)	当座預金 手形売却損 売掛金	398,500 1,500 100,000	売上	500,000
(2)	未着品	500,000	支払手形 買掛金	400,000 100,000
(3)	仕入	503,000	未着品 現金	500,000 3,000

〔解説〕
(1) シンペイ商店（販売側）は，荷為替を取組んだ側となる。商品を発送した時に，売上勘定の貸方に売上金額を計上する。売上代金の一部について荷為替を取組んだことになるので，荷為替手形の額面から割引料を差引いた金額を当座預金とし，残額を売掛金として処理する。
(2) BRZ商会（仕入側）は，荷為替を引受けた側となる。したがって，仕入代金として為替手形を引受け（手形債務）となるので支払手形勘定の貸方に手形金額を記入し，残額は買掛金として処理する。ただし，船荷証券（貨物代表証券）は受取ったが，商品は到着していないので（入手したのは船荷証券）仕入勘定を使わず未着品とする。
(3) BRZ商会（仕入側）は，船荷証券（貨物代表証券）と引換えに，商品を受取った時に，未着品勘定から仕入勘定へ振替える。

第18章 委託販売

問題1

	借方科目	金額	貸方科目	金額
(1)	積送品	510,000	仕入 当座預金	500,000 10,000
(2)	積送売掛金 積送販売費	580,000 20,000	積送品売上	600,000
(3)	現金	580,000	積送売掛金	580,000

〔解説〕
(1) 販売を委託し積送した時には，発送費を含めて積送品勘定の借方に記帳する。
(2) 売上計算書を受取った時には，積送品売上勘定に記帳する。なお，受託者側の費用等（諸掛）は積送販売費勘定で処理する。
(3) 受託者より送金を受けた場合は，売掛金の回収として処理する。

問題2

	借方科目	金額	貸方科目	金額
(1)	積 送 品	126,000	仕　　　入	120,000
			現　　　金	6,000
(2)	積送売掛金	142,000	積送品売上	142,000
	仕　　　入	126,000	積 送 品	126,000
(3)	当 座 預 金	142,000	積送売掛金	142,000

〔解説〕
(1) 商品を委託販売のために発送した場合には，原価を仕入勘定から積送品勘定へ振替える。
(2) 売上計算書を受取った時には，手取金額を積送売掛金勘定の借方と積送品売上勘定の貸方に記入し，その原価を積送品勘定から仕入勘定に振替える。
(3) 受託者より送金を受けた場合は，積送売掛金の回収として処理する。

問題3

	借方科目	金額	貸方科目	金額
(1)	受 託 販 売	2,000	現　　　金	2,000
(2)	受 託 販 売	5,000	現　　　金	5,000
(3)	現　　　金	600,000	受 託 販 売	600,000
(4)	受 託 販 売	15,000	受 取 手 数 料	15,000
(5)	受 託 販 売	578,000	現　　　金	578,000

〔解説〕
受託側では受託販売勘定を使って，委託者に対する債権・債務についてのみ記帳する。

受 託 販 売

(1) 引取費　￥2,000	
(2) 保管料　￥5,000	(3) 売上高　￥600,000
(4) 手数料　￥15,000	
(5) 委託者への送金額＝	
￥578,000	

問題4

借方科目	金額	貸方科目	金額
仕　　　入	610,000	委 託 買 付	610,000

＊前払いした買付代金を前払金勘定で処理している場合には，以下のようになる。

仕　　　入	610,000	前 払 金	210,000
		買 掛 金	400,000

〔解説〕
買付計算書を受取った場合には，買付代金総額で仕入勘定と委託買付勘定に記入する。買付金の一部を前払いし，その代金を前払金勘定で処理している場合には，委託買付代金を前払金勘定と買掛金勘定で処理する。

問題 5

	借方科目	金 額	貸方科目	金 額
(1)	前 払 金	300,000	現 金	300,000
(2)	仕 入	840,000	前 払 金 買 掛 金 現 金	300,000 530,000 10,000
(3)	買 掛 金	530,000	現 金	530,000

〔解説〕
(1) 買付代金の一部前払額は，通常の仕入取引と同様に前払金勘定で処理する。
(2) 買付計算書とともに商品を受入れた時に，仕入の記帳を行う。受託者が立替払いした諸掛や手数料等，および商品受入れの際の引取費は，すべて仕入勘定に含めて処理する。
(3) 受託者に請求額を送金した時は，買掛金支払いとして処理される。

問題 6

借方科目	金 額	貸方科目	金 額
受 託 買 付	30,000	受 取 手 数 料	30,000

＊受託買付勘定を使わず処理している場合には，以下のようになる。

借方科目	金 額	貸方科目	金 額
未 収 金	30,000	受 取 手 数 料	30,000

〔解説〕
受託買付に関する債権債務は，受託買付勘定で処理をする。買付計算書を送付した場合は，未処理の買付手数料を受託買付勘定に記入する。受託買付勘定を使わず処理する場合には，未収金勘定に未処理の買付手数料の金額を記入する。

問題 7

	借方科目	金 額	貸方科目	金 額
(1)	現 金	300,000	受 託 買 付	300,000
(2)	受 託 買 付	805,000	当 座 預 金 現 金	800,000 5,000
(3)	受 託 買 付	5,000	現 金	5,000
(4)	受 託 買 付	20,000	受 取 手 数 料	20,000
(5)	現 金	530,000	受 託 買 付	530,000

〔解説〕
受託側では受託買付勘定を使って，委託者に対する債権・債務についてのみ記帳する。

```
            受 託 販 売
(2) 購入代金  ¥800,000 │ (1) 前 受 額   ¥300,000
(2) 引 取 費  ¥5,000   │
(4) 保 管 料  ¥5,000   │ (5) 委託者からの送金額
(5) 手 数 料  ¥20,000  │         ＝¥530,000
```

— 35 —

第19章 割賦販売・試用販売・予約販売

問題1

①販売基準の場合

	借方科目	金額	貸方科目	金額
(1)	割賦売掛金	100,000	割賦売上	100,000
(2)	現金	25,000	割賦売掛金	25,000
(3)	仕訳なし			

②対照勘定法の場合

	借方科目	金額	貸方科目	金額
(1)	割賦売掛金	100,000	割賦仮売上	100,000
(2)	現金 割賦仮売上	25,000 25,000	割賦売上 割賦売掛金	25,000 25,000
(3)	繰越商品	60,000	仕入	60,000

③未実現利益控除法の場合

	借方科目	金額	貸方科目	金額
(1)	割賦売掛金	100,000	割賦売上	100,000
(2)	現金	25,000	割賦売掛金	25,000
(3)	繰延(割賦)売上利益控除	15,000	繰延割賦売上利益	15,000

〔解説〕

①販売基準の場合

通常の掛売上と同様に記帳する。ただし割賦売掛金勘定・割賦売上勘定を使う。

②対照勘定法の場合

(1) 対照勘定を使って，販売価額（売価）で備忘記録を行う。
(2) 現金回収分を売上計上（割賦売上）するとともに，備忘記録を逆仕訳して消去する。
(3) 決算時の対照勘定の残高により，期末割賦商品の原価を算定し，仕入勘定から繰越商品勘定に振替える。

$$\text{期末商品棚卸高に加える原価額} = \frac{\text{割賦売掛金残高}\times\text{割賦売上原価}}{\text{割賦売上高}}$$

$$= \frac{¥75,000 \times ¥80,000}{¥100,000}$$

$$= ¥60,000$$

③未実現利益控除法の場合

(1)と(2)は販売基準の場合と同じ仕訳（仮の仕訳）を行う。
(3) 決算時の割賦売掛金勘定の残高より，未回収分の利益額を算定し，繰延割賦売上利益控除勘定に記入する。

$$\text{繰延べられる利益} = \frac{\text{期末割賦売掛金残高}\times(\text{割賦売上高}-\text{割賦売上原価})}{\text{割賦売上高}}$$

$$= \frac{¥75,000 \times (¥100,000 - ¥80,000)}{¥100,000}$$

$$= ¥15,000$$

問題2

借方科目	金額	貸方科目	金額
割賦売掛金	120,000	割賦売上	120,000
現金	20,000	割賦売掛金	20,000

〔解説〕
　割賦販売における収益の認識は商品を引渡した時に売上を計上する**販売基準**と，割賦金を回収した時に売上を計上する**回収基準**と，割賦金の回収期限の到来した時に売上を計上する**回収期限到来基準**がある。販売基準で処理した場合には，商品引渡し時に売上を計上し，以後は売掛金回収の処理を行えば良い。したがって，仕訳は
　（販売時）（借）割賦売掛金　　割賦売価　　（貸）割賦売上　　割賦売価
　（回収時）（借）現　　金　　回収金額　　（貸）割賦売掛金　　回収金額
となり，本問では引渡しと同時に第1回目の回収も行っているため，販売時と回収時の両方の処理を行う。

問題3

借方科目	金額	貸方科目	金額
割賦売掛金	300,000	割賦売上	300,000
現金	25,000	割賦売掛金	25,000

〔解説〕
(1) 販売基準で処理した場合には，商品引渡し時に売上を計上する。
(2) 割賦金を受取るごとに，売掛金回収の処理を行えば良い。商品￥300,000を毎月均等額12回払いで販売したので，1回の回収金額は
　　　1回の割賦回収金額＝割賦商品売価÷割賦回数
　　　　　￥300,000÷12＝￥25,000

問題4

①対照勘定法の場合

	借方科目	金額	貸方科目	金額
(1)	試用販売売掛金	800,000	試用仮売上	800,000
(2)	売掛金	400,000	試用売上	400,000
	試用仮売上	400,000	試用販売売掛金	400,000
(3)	試用仮売上	100,000	試用販売売掛金	100,000
(4)	繰越商品	225,000	仕入	225,000

②試用品勘定を使った場合

	借方科目	金額	貸方科目	金額
(1)	試用品	600,000	仕入	600,000
(2)	売掛金	400,000	試用売上	400,000
(3)	仕入	75,000	試用品	75,000
(4)	仕入	300,000	試用品	300,000

または

仕入	525,000	試用品	525,000
試用品	225,000	仕入	225,000

〔解説〕
①対照勘定法の場合
　(1) 対照勘定を使って販売価額（売価）で備忘記録を行う。
　(2) 買取意思表示のあった分を売上計上（試用売上）するとともに，備忘記録を逆仕訳して消去する。
　(3) 返品を受けた時には，備忘記録を逆仕訳する。
　(4) 決算時の対照勘定の残高（返品もなく，買取意思が不明の場合）より，期末試用品の原価を算定し，仕入勘定から繰越商品勘定に振替える。通常，商品を試用のために送付する時は，一定の試用期間を設ける。試用期間を過ぎても買取意思が不明の場合には，買取るもの（買取意思表示あり）として処理する。

$$期末商品棚卸高に加える原価額 = \frac{対照勘定残高 \times 試用売上原価}{試用売上高}$$
$$= \frac{¥300,000 \times ¥600,000}{¥800,000}$$
$$= ¥225,000$$

②試用品勘定を使った場合
　対照勘定を使わず処理をすれば良い。通常の商品と同じように，売上原価は期末に一括して仕入勘定に振替える。

問題5

	借方科目	金額	貸方科目	金額
(1)	試用販売売掛金	70,000	試用仮売上	70,000
(2)	売　　掛　　金	70,000	試　用　売　上	70,000
	試　用　仮　売　上	70,000	試用販売売掛金	70,000

〔解説〕
(1) 対照勘定を使って販売価額（売価）で備忘記録を行う。
(2) 買取意思表示のあった分を売上計上（試用売上）するとともに，備忘記録を逆仕訳して消去する。

問題6

	借方科目	金額	貸方科目	金額
(1)	現　　　　金	500,000	前　受　金	500,000
(2)	前　受　金	500,000	売　　　　上	600,000
	売　掛　金	100,000		
(3)	売　掛　金	400,000	売　　　　上	400,000
(4)	当　座　預　金	500,000	売　掛　金	500,000

〔解説〕
(1) 予約金を受取った時は，売上には計上せず，前受金勘定に記帳する。
(2) 予約品を発送した時には，売上に計上し，代金は前受金と相殺する。残りの代金は売掛金勘定に記帳する。
　　@¥20,000×3巻分×10セット＝¥600,000
(3) @¥20,000×2巻分×10セット＝¥400,000

問題7

	借方科目	金額	貸方科目	金額
(1)	現　　　金	6,500	前　受　金	6,500
(2)	前　受　金	6,500	売　　　上	6,500

〔解説〕
(1) 予約金を受取った時は，売上には計上せず，前受金勘定に記帳する。
(2) 予約品を発送した時には，売上に計上し，代金は前受金と相殺する。

第20章　本支店会計（1）

問題1

＜本店＞

借方科目	金額	貸方科目	金額
支　　店	2,320,000	現　　　金	120,000
買　掛　金	350,000	売　掛　金	250,000
		仕　　　入	350,000
		備　　　品	750,000
		建　　　物	1,200,000

＜支店＞

借方科目	金額	貸方科目	金額
現　　　金	120,000	買　掛　金	350,000
売　掛　金	250,000	本　　　店	2,320,000
仕　　　入	350,000		
備　　　品	750,000		
建　　　物	1,200,000		

＜本店＞
```
             支　店　勘　定
買掛金   350,000 │ 現　金    120,000
                 │ 売掛金   250,000
                 │ 仕　入   350,000
                 │ 備　品   750,000
                 │ 建　物  1,200,000
```

＜支店＞
```
             本　店　勘　定
現　金   120,000 │ 買掛金   350,000
売掛金   250,000 │
仕　入   350,000 │
備　品   750,000 │
建　物 1,200,000 │
```

問題2

＜本店＞

借方科目	金額	貸方科目	金額
支　　店	189,000	支　店　売　上	189,000
支　店　仕　入	210,000	支　　　店	210,000

— 39 —

<支店>

借 方 科 目	金　　額	貸 方 科 目	金　　額
本 店 仕 入	189,000	本　　　店	189,000
本　　　店	210,000	本 店 売 上	210,000

問題3

<本店>

```
            支 店 勘 定
   1,900,000  | 未達現金  360,000
              | 買 掛 金  540,000
```

<支店>

```
            本 店 勘 定
                       565,000
              | 本店仕入  225,000
              | 備　品   210,000
```

<本店>

	借 方 科 目	金　　額	貸 方 科 目	金　　額
(1)	未 達 現 金	360,000	支　　　店	360,000
(2)	仕 訳 な し			
(3)	仕 訳 な し			
(4)	買 掛 金	540,000	支　　　店	540,000

<支店>

	借 方 科 目	金　　額	貸 方 科 目	金　　額
(1)	仕 訳 な し			
(2)	本 店 仕 入	225,000	本　　　店	225,000
(3)	備　　　品	210,000	本　　　店	210,000
(4)	仕 訳 な し			

第21章　本支店会計（2）

問題1

	借 方 科 目	金　　額	貸 方 科 目	金　　額
(1)	繰延内部利益控除	80,000	繰 延 内 部 利 益	80,000
(2)	繰 延 内 部 利 益	78,000	繰延内部利益戻入	78,000

問題2

	借方科目	金　額	貸方科目	金　額
(1)	繰延内部利益	3,600	繰延内部利益戻入	3,600
(2)	繰延内部利益控除	4,800	繰延内部利益	4,800
(3)	支　店	120,000	損　益	120,000
(4)	繰延内部利益戻入	3,600	損　益	3,600
	損　益	4,800	繰延内部利益控除	4,800
	損　益	710,800	繰越利益剰余金	710,800

損　益

仕　入	600,000	売　上	960,000
営業費	120,000	支店売上	352,000
繰延内部利益控除	4,800	支　店	120,000
繰越利益剰余金	710,800	繰延内部利益戻入	3,600

問題3

(1)

損　益

仕　入	2,916,000	売　上	2,040,000
販売費	348,000	支店売上	1,735,400
貸倒引当金繰入	8,400	受取家賃	78,000
広告費	58,000	支　店	128,240
一般管理費	36,000	内部利益戻入	14,400
減価償却費	84,000		
支払利息	50,400		
内部利益控除	6,000		
当期純利益	489,240		
	3,996,040		3,996,040

(2)

本支店合併貸借対照表
平成24年3月31日現在

資　産	金　額	負債・純資産	金　額
現　金	238,000	買掛金	621,800
当座預金	380,000	未払金	144,000
売掛金	672,000	借入金	2,400,000
繰越商品	402,000	貸倒引当金	20,160
土　地	1,860,000	建物減価償却累計額	450,000
建　物	1,800,000	備品減価償却累計額	144,000
備　品	216,000	資本金	1,000,000
		利益準備金	120,000
		繰越利益剰余金	668,040
	5,568,000		5,568,000

本支店合併損益計算書
平成23年4月1日～平成24年3月31日

費　　　用	金　　額	収　　　益	金　　額
期首商品棚卸高	360,000	売　　上　　高	6,000,000
当期商品仕入高	4,392,000	期末商品棚卸高	402,000
販　　売　　費	885,600	受　取　家　賃	78,000
貸倒引当金繰入	11,760		
広　　告　　費	93,000		
一　般　管　理　費	60,000		
減　価　償　却　費	138,000		
支　払　利　息	50,400		
当　期　純　利　益	489,240		
	6,480,000		6,480,000

総合問題②

問題1

	借方科目	金　　額	貸方科目	金　　額
1．	当　座　預　金	30,000,000	資　　本　　金	15,000,000
			資　本　準　備　金	15,000,000
	創　　立　　費	50,000	現　　　　　金	50,000
2．①	別　段　預　金	45,000,000	新株式申込証拠金	45,000,000
②	新株式申込証拠金	45,000,000	資　　本　　金	45,000,000
	当　座　預　金	45,000,000	別　段　預　金	45,000,000
	株　式　交　付　費	8,000	当　座　預　金	8,000
3．①	損　　　　　益	5,000,000	繰越利益剰余金	5,000,000
②	繰越利益剰余金	4,200,000	未　払　配　当　金	2,000,000
			新　築　積　立　金	1,000,000
			別　途　積　立　金	1,000,000
			利　益　準　備　金	200,000
③	未　払　配　当　金	2,000,000	当　座　預　金	2,000,000
4．	現　　　　　金	4,000,000	買　　掛　　金	3,500,000
	売　　掛　　金	9,000,000	社　　　　　債	7,500,000
	建　　　　　物	35,000,000	資　　本　　金	40,000,000
	の　　れ　　ん	3,000,000		
5．①	当　座　預　金	1,900,000	社　　　　　債	1,900,000
	社　債　発　行　費	10,000	当　座　預　金	10,000
②	社　債　利　息	20,000	社　　　　　債	20,000
	社　　　　　債	2,000,000	当　座　預　金	2,040,000
	社　債　利　息	40,000		

〔解説〕
1. 払込金額：¥10,000×3,000（株）＝¥30,000,000
   資　本　金：¥10,000×3,000（株）×1／2＝¥15,000,000
   資本準備金：¥30,000,000－¥15,000,000＝¥15,000,000
2. ¥30,000×1,500（株）＝¥45,000,000
3. 利益準備金：
   ¥2,000,000×1／10＝¥200,000
   ¥20,000,000×1／4－（¥3,000,000＋¥1,500,000）＝¥500,000
   したがって，小さい方の金額である¥200,000が利益準備金として積立てられる。
4. 受入れた純資産額：
   （¥4,000,000＋¥9,000,000＋¥35,000,000）－（¥3,500,000＋¥7,500,000）＝¥37,000,000
   の れ ん：¥5,000×8,000（株）－¥37,000,000＝¥3,000,000
5. 社　　債：¥2,000,000×@95／@100＝¥1,900,000
   償却原価法：（¥2,000,000－¥1,900,000）÷5（年）＝¥20,000
   社債利息（6ヶ月）：¥2,000,000×4％×（6ヶ月）／（12ヶ月）＝¥40,000

問題2

	借方科目	金　額	貸方科目	金　額
1.	前　受　金 当 座 預 金	3,200,000 4,800,000	売　　　上	8,000,000
2.	売　掛　金 試 用 販 売	110,000 110,000	試 用 品 売 上 試 用 販 売 契 約	110,000 110,000
3.	割 賦 販 売 契 約 現　　　金	144,000 36,000	割 賦 販 売 割 賦 売 上	144,000 36,000
4.	割 賦 売 掛 金 現　　　金	144,000 36,000	割 賦 売 上	180,000
5.	売　掛　金 仕　　　入	300,000 250,000	試 用 品 売 上 試 用 品	300,000 250,000

問題3

支店分散計算制度

		借方科目	金　額	貸方科目	金　額
①	本　店	仕　訳　な　し			
	大野支店	松 本 支 店	10,000	当 座 預 金	10,000
	松本支店	現　　　金	10,000	大 野 支 店	10,000
②	本　店	仕　訳　な　し			
	相葉支店	櫻 井 支 店	220,000	櫻井支店へ売上	220,000
	櫻井支店	相葉支店より仕入	220,000	相 葉 支 店	220,000
③	本　店	仕　訳　な　し			
	相葉支店	現　　　金	150,000	櫻 井 支 店	150,000
	櫻井支店	相 葉 支 店	150,000	売　掛　金	150,000

本店集中計算制度

		借 方 科 目	金 額	貸 方 科 目	金 額
①	本　　　店	松 本 支 店	10,000	大 野 支 店	10,000
	大 野 支 店	本　　　店	10,000	当 座 預 金	10,000
	松 本 支 店	現　　　金	10,000	本　　　店	10,000
②	本　　　店	櫻 井 支 店	220,000	相 葉 支 店	220,000
	相 葉 支 店	本　　　店	220,000	本 店 へ 売 上	220,000
	櫻 井 支 店	本 店 よ り 仕 入	220,000	本　　　店	220,000
③	本　　　店	相 葉 支 店	150,000	櫻 井 支 店	150,000
	相 葉 支 店	現　　　金	150,000	本　　　店	150,000
	櫻 井 支 店	本　　　店	150,000	売 掛 金	150,000

〔解説〕

支店相互間の取引には，支店分散計算制度と本店集中計算制度の2通りの記帳法がある。

支店分散計算制度では，各支店名を付した勘定を用いる。支店間取引があったとき，本店は記帳を行わない。

本店集中計算制度では，支店間取引があったとき，各支店はすべて本店の取引として記帳する。